Erwin Kräutler

Rot wie Blut die Blumen

topos taschenbücher, Band 778
Eine Produktion der Verlagsanstalt Tyrolia

Erwin Kräutler

Rot wie Blut die Blumen

Ein Bischof zwischen Tod und Leben

topos taschenbücher

Verlagsgemeinschaft topos plus
Butzon & Bercker, Kevelaer
Don Bosco, München
Echter, Würzburg
Lahn-Verlag, Kevelaer
Matthias Grünewald Verlag, Ostfildern
Paulusverlag, Freiburg (Schweiz)
Friedrich Pustet, Regensburg
Tyrolia, Innsbruck

Eine Initiative der Verlagsgruppe engagement

Bibliografische Information der Deutschen Nationalbibliothek
Die Deutsche Nationalbibliothek verzeichnet diese Publikation in der Deutschen Nationalbibliografie; detaillierte bibliografische Daten sind im Internet über http://dnb.d-nb.de abrufbar.

Dieser Band ist die durchgesehene Neuausgabe des Werkes, das unter dem gleichnamigen Titel im Jahr 2009 im Otto Müller Verlag, Salzburg-Wien, erschienen ist.

Einband- und Reihengestaltung | Finken & Bumiller, Stuttgart
Herstellung | Pustet, Regensburg
Printed in Germany

Topos-ISBN: 978-3-8367-0778-7
www.topospplus.de

Inhalt

„Stark wie der Tod ist die Liebe ..." (Hl 8,6)

Vier Monate nach meiner Priesterweihe im Dom zu Salzburg nehme ich am 2. November 1965 Abschied von meinen Lieben in Koblach. Nach dreiwöchiger Überfahrt betrete ich in Belém, der Hauptstadt des Bundesstaates Pará, brasilianischen Boden. Ein langgehegter Wunsch wird wahr: Als Missionar werde ich mit dem Volk Gottes am Xingu unterwegs sein. Um den Menschen wirklich nahe zu sein, ihre Anliegen zu verstehen, ihre Freuden zu teilen, heißt es schnell ihre Sprache zu lernen. Stundenlang präge ich mir Vokabeln ein, lese Bücher und verfasse einfache Berichte und Erzählungen. Mit viel Geduld übt Schwester Mônica, meine Lehrerin, die richtige Aussprache, korrigiert meine Texte und ist voll des Lobes, als ich ihr meine erste Predigt vorlege.

Mit der Weihnachtshomilie im Gepäck, besteige ich am 21. Dezember 1965 erstmals ein Flugzeug. Es ist eine DC-3, die mich von Belém nach Altamira an den Xingu bringt. Dieser Flugzeugtyp fliegt nicht sehr hoch, sodass die Passagiere stets in Sichtkontakt zu der unter ihnen liegenden Landschaft sind.

Ich bin überwältigt, als ich beinahe zwei Stunden lang ein Stück Amazonien aus der Vogelperspektive sehe, ein unvergessliches Erlebnis. Die unendliche Weite fasziniert mich. Dunkles, sattes Grün wechselt ab mit mattgrüner, graugrüner, dann wieder mit einer klaren hellgrünen Färbung der Blätter. Diese mannigfachen Grünschattierungen, die unterschiedlichen Farbtöne machen die einmalige Schönheit, den verlockenden Reiz des Urwaldes aus. Die großen und kleinen Baumkronen, die sich neben Sträuchern und Schlingpflanzen ausbreiten, wirken wie ein samtener Teppich.

Vereinzelt eine Lichtung, ein Städtchen, ein Dorf, ein Weiler. Alle liegen sie an den Flüssen oder Seeufern. Abseits der Wasserläufe, inmitten des Regenwaldes, gibt es keine Siedlungen. Amazoniens Verkehrsadern sind die Gewässer. Die Landschaft scheint noch unberührt, nahezu paradiesisch! Ich kann mich nicht sattsehen an den ewigen Wäldern und sumpfigen Niederungen, den weiten stillen Seen und breiten, meist gelbbraunen, dann aber auch dunkelfarbigen, sogar smaragdgrünen Flüssen, deren Oberläufe sich im Horizont verlieren.

Beim Anblick dieser Pracht meine ich den eindrucksvollen ersten Satz der Symphonie Nr. 9, „Aus der Neuen Welt", von Antonín Dvořák zu hören. Im Jahre 1892 reiste der Musiker nach Amerika, komponierte unter anderem dieses Werk, das im Dezember 1893 zur Uraufführung gelangte. Noch keine drei Jahre waren vergangen, seit das siebte US-Kavallerieregiment den Indianern jede Überlebenschance als Volk raubte. Am 29. Dezember 1890 starben 405 Miniconjou-Sioux beim grausamen Massaker in der Nähe von Wounded Knee (Cankpe Opi Wakpala). Mehr als die Hälfte waren Frauen und Kinder. Der erste Angriff dauerte keine halbe Stunde. Die Soldaten hatten die Gruppe kreisförmig umzingelt und eröffneten mit vier Kanonen das Feuer auf die zuvor entwaffneten Männer, auf wehrlose Frauen und Kinder. Alle, die diesem Kugelhagel entkamen, versuchten zu fliehen und hofften, in einer nahen Schlucht Schutz zu finden. Vor allem für die Verwundeten unter ihnen gab es kein Entrinnen, da die Soldaten zwei Stunden lang durch die Gegend ritten und auf alles schossen, was sich bewegte. Einige der verletzten und geflüchteten Indianer erfroren im strengen nordamerikanischen Winter. Weniger als fünfzig Miniconjou-Sioux haben das Gemetzel überlebt.

Das ist der historische Hintergrund von Dvořáks 9. Symphonie „Aus der Neuen Welt". Welch neue Welt wurde hier geboren? Eine Welt, in der Mord, Gewalt, Vertreibung, Ausbeutung und Rassendiskriminierung statt Gerechtigkeit, gegenseitiger Wertschätzung, Anerkennung der Menschenwürde, Freiheit und Frieden herrschen?

Trotz des Dröhnens der Propeller lausche ich mit dem Herzen den Klängen der ergreifenden Musik des tschechischen Komponisten. Sie ist von unbeschreiblicher Melancholie und weckt unversehens eine beklemmende Wehmut in mir.

Auch hier, fernab von den Ballungszentren der Welt, leben entlang der Flüsse und an den Ufern der Seen Menschen mit einer jahrtausendealten Geschichte. Der Wald ist ihnen Schutz und Heimat, die Mutter-Erde ihr Land, in dem sie ihre kulturellen Ausdrucksformen entwickelten und ihre an Riten, Mythen und Traditionen reiche Religion entfaltet haben. Welche Zukunft können die indigenen Völker in Amazonien, am Xingu erwarten? Als ich kürzlich in Belém auf die Indios zu sprechen kam, gab mir jemand zur Antwort: „Verlier keine Zeit mit den Indios. In spätestens zwanzig Jahren sind diese Wilden sicher alle weg. Hoffentlich." Ich war erschüttert über diesen Kommentar. Warum wird den ursprünglichen Bewohnern dieses Landes so viel Abneigung, Verachtung und Geringschätzung entgegengebracht?

Etwas mehr als vier Jahrzehnte später erlebe ich eine völlig andere Welt in Amazonien. Der üppige, artenreiche tropische Wald ist geschwunden, riesige Weideflächen in langweilig gleichem Grün verdrängen weithin die vielfältig grünen Bäume, Sträucher und Pflanzen. Brandrohdung hat über weite Landstriche hinweg den Wald vollends zerstört. Kein einziger Baum blieb übrig. Für diese Landschaft kann Dvořáks Symphonie keine musikalische Kulisse sein.

Die Töne, mit denen Heitor Villa-Lobos (1887–1959) in seiner symphonischen Suite „Floresta Amazônica" den amazonischen Regenwald zeichnet, entsprechen besser dem schaurigen Bild. Kurz vor seinem Tod hat der Brasilianer diese Musik komponiert. Im tragischen, geradezu unheimlichen Satz: „O fogo na floresta" (Das Feuer im Regenwald) hören wir das Knistern und Prasseln der Flammen, das Heulen der Tiere, den Aufruhr der Feuersbrunst. Beethoven lässt im letzten Satz seiner 9. Symphonie menschliche Stimmen erklingen: „O Freunde, nicht diese Töne! Sondern lasst uns angenehmere anstimmen. Und freudenvollere!", und die „Ode an die Freude" bildet den mächtigen Schlusschor des glanzvollen Werkes. Jeder Instrumentalmusik sind Grenzen gesetzt. Nur die menschliche Stimme kann sie überbieten, wie auch Villa-Lobos spürte. So führt die Schlusstakte der symphonischen Suite eine Solistin aus, die eine bittere Totenklage anstimmt, verzweifelt aufschreit und jammernd die schändenden Menschen verurteilt.

Heitor Villa-Lobos ahnte 1958 nicht, wie rasch seine apokalyptische musikalische Vision Wirklichkeit werden sollte. Tausende Quadratkilometer wurden im Laufe der folgenden Jahrzehnte Opfer der Flammen. Schattenlose Täler und kahle Hügel so weit das Auge reicht. Das ausgesäte Gras wuchert wie zähes Unkraut und lässt keine anderen Pflänzchen sprießen, außer Disteln und Dornen, wenn nach einigen Jahren der völlig ausgelaugte Boden schließlich versteppt. Während der Trockenzeit ist der Anblick noch trostloser. Es fällt kaum Regen. In der sengenden Hitze verdorrt das Gras und wird graubraun wie verrottetes Heu. Ein Funke genügt, um weiträumige Feuer mit unerträglicher Rauchentwicklung zu entfachen. Hinzu kommt in den Sommermonaten die Brandrodung, um Ackerland oder Weiden für das Vieh zu schaffen. Der ursprüngliche Wald geht in Flammen auf. Dunkelroter Feuerschein durchbricht die Finsternis der Nacht, am Tag zeigt sich die Sonne am Zenit als dunkelrote Scheibe. Satelliten registrieren Tausende Brandherde. Flammendes Inferno, glimmende Glut und dicke Rauchschwaden überall in Amazonien. Zurück bleiben Asche und verkohltes Astwerk. Zerstörung und Untergang. Das einstige Paradies stirbt auf grauenvolle Weise. Von lodernden Flammen umzingelt, verenden Tiere unter schrecklichen Qualen. Wenn schließlich der Regen einsetzt und die noch schwelende Glut endlich löscht, liegt das Schweigen des Todes über der ehemals grünen Welt.

In meiner Zeit am Xingu bringen mich unzählige Reisen flussauf- und flussabwärts, sie eröffnen mir die Welt Amazoniens, von der Mündung bis ins Quellgebiet der zahlreichen Nebenflüsse. In den ersten Jahren hatte ich das Privileg, die geheimnisvollen Wälder noch vor dem „Zeitalter des Feuers“ zu erkunden. Dabei entdeckte ich in mannigfacher Weise die Zärtlichkeit Gottes in seiner Schöpfung.

Bestaunenswert ist die Komposition der Farben. Vom grünen Dickicht heben sich andere Farben besonders stark ab. Einige Sträucher treiben Blätter in Gelb und Ocker, andere wieder in Rot, von Rosenrot über Feuerrot bis zu einem samtenen Dunkelrot.

Für die Indios ist die Sumaúma die Mutter der Bäume. Sie beschwören ihren Geist, um von schweren Krankheiten geheilt zu werden. Von diesem Baum erzählt eine rührende Sage. Irgendwo im Urwald will ein Mann eine Sumaúma fällen. Die Vögel des Himmels und die Tiere auf der Erde sind unendlich traurig darüber. Aus ihren Nestern und Höhlen verfolgen sie wehmütig das Geschehen. Plötzlich legt sich der Mann hin. Von Müdigkeit überwältigt schläft er unter dem schattigen Baum ein. Die Tiere nutzen die Gunst der Stunde. Sie verlassen ihr Versteck, nähern sich dem schlafenden Holzfäller und flüstern ihm ins Ohr: „Bitte, lass die Mutter der Bäume leben. Töte sie nicht. Dieser wunderbare Baum gehört zu uns.“ Verwirrt wacht der Mann auf und sieht um sich herum die Tiere des Waldes und in den Baumkronen über ihm Dutzende Vögel. Kalter Schweiß steht ihm auf der Stirn. Der Wald und die Tiere schweigen. Der Mann steht auf und geht verstört des Weges. Wenn diese Sumaúma nicht später gefällt wurde, steht sie heute noch im Wald am Xingu und lässt zwischen September und November fast alle Blätter fallen. Dann entfaltet sie ihre volle Pracht und zeigt ihre rosigen, mit purpurnen Punkten gezierten und von zartem weißem Flaum bekleideten Blüten. Und die Tiere bestaunen die Schönheit der Mutter der Bäume.

Wunderbar erblüht auch der Ipê. Von weitem grüßen diese Riesen in goldgelbem Kleid oder in entzückendem Violett. Ihre Kronen überragen die anderen Bäume und leuchten glänzend gegen den tiefblauen Himmel. Das Knattern und Heulen der Motorsägen hallt wie Wehklage durch den Wald, wenn in Amazonien jährlich Millionen Ipê fallen, sie gelten als bevorzugtes Bauholz für Gebälk und Dachstuhl. In mancher Gegend sucht man diese Art mittlerweile vergeblich, in anderen Regionen sind ausgewachsene Bäume nur noch eine Seltenheit.

Immergrüner Laubwald, undurchdringliches Dickicht, blühende Urwaldgiganten, unscheinbare Blümchen, sagenumwobene Sumaúma, buntes Strauchwerk, üppiges Gebüsch, prachtvolle Orchideen – das war Amazonien: artenreich, geheimnisvoll, überwältigend.

Gierige Menschen bedrohen Amazonien, weil sie keine Ehrfurcht vor der Schöpfung haben. Die skrupellose Aneignung und Nutzung von Land sowie die niederträchtige Plünderung von Rohstoffen gefährdet die Mit-Welt jener, denen Amazonien Heimat ist. Und wenn dieser Ausbeutung nicht Einhalt geboten wird, ist Amazonien in absehbarer Zeit unwiederbringlich zerstört.

Noch pulsiert Leben in Amazonien, doch der Herzschlag wird langsamer, Blut strömt aus vielen Wunden. Bleibt Amazonien auch den nächsten Generationen als Erbe erhalten?

Sie duftet nicht wie die Lilie, ist nicht anmutig wie die Orchidee, trägt keine Dornen wie die Rose; sie lässt an ihrem Strauch immer neue Kaskaden hervorsprudeln, die aus der Ferne wie eine einzige dunkelrote Blume mit Tausenden Blütenblättern erscheinen. Die Botanik hat für diese Blume sicher eine Bezeichnung, aber hier scheint sie namenlos zu sein. Oft habe ich gefragt, wie diese Blume heißt, aber niemand kennt ihren Namen. Seit ich am Xingu bin, ist mir immer wieder aufgefallen, dass die Leute gerne die Kirche und den Altar mit diesen Blumen zieren. Wahrscheinlich, weil sie an fast jedem erdenklichen Plätzchen im Garten, vor dem Haus oder am Wegrand in unermesslicher Blütenfülle gedeihen.

Und dennoch, warum gerade rote Blumen als Schmuck für den Altar, das Marienbildnis, die Statue des heiligen Antonius, für die Girlanden an den Bänken? Es gibt ja auch gelbe, violette, blaue oder weiße Blüten.

Rot springt sofort ins Auge und hat in allen Kulturen einen hohen Symbolgehalt. Wir verbinden mit dieser Farbe Liebe und Leidenschaft, Feuer und Blut, Macht und Herrschaft, Warnung und Verbot oder Gefühlsausbrüche wie Scham und Zorn. Auch im kirchlichen Leben haben Farben eine besondere Bedeutung. Die liturgische Farbe Rot symbolisiert das Leiden Christi und der Glaubenszeugen, deshalb trägt sie der Priester am Karfreitag und bei den Gedächtnisfeiern für Märtyrer. Rot ist das Messgewand des Priesters auch am Pfingsttag, als sich die Jünger fünfzig Tage nach der Auferstehung des Herrn versammelten und ihnen Zungen wie von Feuer erschienen und alle mit dem Heiligen Geist erfüllt wurden (vgl. Apg 2,3–4).

Rote Blumen auf dem Altar,
zum Gedächtnis an den Leidensweg und den Tod des Herrn.
Rote Blumen in der Schale,
als liebende Erinnerung an Menschen,
die dem Beispiel Jesu bis zum Äußersten folgten.
Rote Blumen am Wegrand,
als stumme Anklage
gegen Großgrundbesitzer und ihre Handlanger,
die unschuldige Kinder,
Frauen und Männer ermordeten.
Rote Blumen im Garten,
als Mahnmal gegen die Zerstörung der Mit-Welt.
Rote Blumen in Amazonien,
als lauter Schrei nach Gerechtigkeit, Frieden und Liebe.

Rot wie Blut die Blumen.
Rot wie Blut das Feuer.
Rot wie Blut die Liebe.

„Stark wie der Tod ist die Liebe, (…)
ihre Gluten sind Feuergluten, gewaltige Flammen."
(Hl 8,6)

„Denn die Liebe ist das Band,
das alles zusammenhält und vollkommen macht."
(Kol 3,14)

„Befiehl dem Herrn deinen Weg“ (Ps 37 [38], 5)

„Errege dich nicht über die Bösen,
wegen der Übeltäter ereifere dich nicht!
Denn sie verwelken schnell wie das Gras,
wie grünes Kraut verdorren sie.
Vertrau auf den Herrn und tu das Gute,
bleib wohnen im Land und bewahre Treue!
Freu dich innig am Herrn!
Dann gibt er dir, was dein Herz begehrt.
Befiehl dem Herrn deinen Weg und vertrau ihm;
er wird es fügen.
Er bringt deine Gerechtigkeit heraus wie das Licht
und dein Recht so hell wie den Mittag.
Meide das Böse und tu das Gute,
so bleibst du wohnen für immer.
Denn der Herr liebt das Recht
und verlässt seine Frommen nicht.“

(Ps 37 [38], 1–6. 27–28)

Jedes Mal, wenn ich Gemeinden am Oberlauf des Xingu besuche, muss ich über Belém, die Hauptstadt des Bundesstaates Pará, reisen. Von Altamira nach São Félix do Xingu, Tucumã und Ourilândia do Norte gibt es keine direkte Flugverbindung.

Die einmotorige Maschine braucht von Belém bis Tucumã mehr als drei Stunden. Eine regionale Fluggesellschaft hat für diese Strecke das Monopol und bittet die Passagiere entsprechend zur Kasse. Ein Ticket in die Bundeshauptstadt Brasília kostet weitaus weniger, trotz dreifacher Entfernung.

Ich habe aber nur diese Möglichkeit, um schnell in den Süden von Pará zu kommen. Auf den ausgefahrenen und staubigen Straßen wäre ich tagelang unterwegs, und während der

Regenzeit würde sich die Ankunft durch die rutschigen und aufgeweichten Wege arg verzögern.

Mit einem Schiff den Xingu aufwärts zu fahren, ist aufgrund der zahlreichen Stromschnellen ein waghalsiges Unternehmen. In der Trockenzeit lauert Gefahr in Form von vielen Untiefen. Erst nach einer Woche oder später könnte ich in São Félix do Xingu an Land gehen. Den Leuten zuliebe, die für eine Begegnung mit dem Bischof oft einen anstrengenden Fußmarsch auf sich nehmen, kann ich nicht irgendwann ankommen. Die Gemeinden haben den Tag meines Pastoralbesuchs längst vereinbart, wenn auch die genaue Uhrzeit meines Eintreffens nicht immer vorhersehbar ist.

Die Maschine hebt vom Flughafen Val de Cães in Belém ab und zieht eine Schleife über die Großstadt am Tor von Amazonien. Selbst von oben sind die sozialen Unterschiede deutlich erkennbar. Skandalös der Gegensatz zwischen Innenstadt und Außenbezirken. Im Zentrum prächtige Parkanlagen, moderne Hochhäuser, breite Straßen, überschattet von tiefgrünen, breitkronigen Mangobäumen. Mit Eternitplatten bedachte Pfahlbauten über Ekel erregenden Kloaken, vom Tropenregen grau getönte Bretterbuden, unverputzte, planlos gebaute Ziegelhäuser entlang schmaler morastiger Seitenstraßen lassen das Elend am Stadtrand erahnen.

Allmählich entschwindet die Stadt, die ursprünglich „Santa Maria de Belém" hieß. Belém ist der portugiesische Name für Betlehem: „Haus des Brotes"! Warum gibt es hier nicht genügend Brot für alle? Warum laufen so viele verwahrloste Kinder herum? Keine Behörde, auch nicht das Jugendamt, kennt die Zahl der Straßenkinder. Sie schnüffeln am Schusterleim, um sich zu berauschen und zu vergessen, dass ihr Magen knurrt.

Neben Armut und Elend in den Außenbezirken leidet Belém seit Jahren unter der schrecklichen Geißel Kriminalität. Jeden Tag berichten die Zeitungen von mindestens einem Mord oder Überfall. Ein makabres Detail am Rande: Die Reportagen über die Verbrechen mit entsetzlichen Fotos von den Opfern sind im Sportteil der Zeitung zu finden. Meist sind es Jugendliche, die diese Straftaten begehen. Ohne Arbeitsplatz und Perspektive für die Zukunft schließen sie sich in Banden zusammen und liefern sich fast täglich blutige Straßenschlachten. Oft enden diese sinnlosen Gefechte mit mehreren Toten und Verletzten. Die Polizei kommt immer zu spät, und ihre Ermittlungen bleiben erfolglos. Die Täter haben längst das Weite gesucht. Niemand will als Zeuge aussagen, und so mancher schlecht bezahlte Polizist hat Angst vor diesen unberechenbaren, bewaffneten Banden und bangt um sein eigenes Leben.

Das Flugzeug steigt, bis der Höhenmesser auf dem Armaturenbrett 10.000 Fuß anzeigt. Aus der Höhe betrachtet, wirkt die Landschaft unter uns trübe. Die Atmosphäre ist dunstig. Es scheint, als ob Dampf vom Boden aufstiege. Manchmal fliegen wir in geballte Wolkenformationen und es wird düster. Die kleine Maschine bebt, zittert, scheint in ein Loch zu fallen und verursacht Unbehagen in der Magengegend. Dann aber lässt ein azurblauer Himmel die Passagiere erleichtert aufatmen. Bis Tucumã gibt es eine Zwischenlandung in Marabá und danach eine in Carajás.Ich lehne mich zurück und bete mein Brevier.

Ich liebe die Psalmen, jene 150 Gebete des Alten Testamentes, die unsere Existenz mit all ihren Höhen und Tiefen, ihrer Dramatik und Tragik erfassen: Leben und Sterben und, zwischen Geburt und Tod, unsere Glückseligkeit und dann wieder unser Aufbegehren gegen Schicksal, Not und Plage. Aus dem Sumpf menschlichen Versagens erheben sich Gelöbnisse, aufs Neue treu den Weg des Herrn zu gehen. Unaussprechliche Freude, abgrundtiefes Leid! Bittere Angst vor der Zukunft, strahlender Morgen des Neubeginns, der Auferstehung!

In den Psalmen singt der Mensch das Lied von Gottes Barmherzigkeit, rühmt den Schöpfer des Alls, betet an die Macht der Liebe, weiß sich an der Hand geführt vom Vater, der in rührender Sorge sein verlorenes Kind sucht und heimholt. In den Psalmen stimmt der Mensch auch sein Wehgeschrei an, er redet sich sein Leid von der Seele, verflucht seine Feinde, verdammt die ihm aufgebürdete Last, weint um die verlorene Heimat, stöhnt, trauert und jammert, bis an die Schwelle der Ewigkeit.

Die Psalmen sind Bitte und Dank, Lob und Ruhm, Klage und Flehen, Hoffnung und Verzweiflung von Menschen, die, von tiefem Glauben beseelt, trotz ihrer Unzulänglichkeiten immer wieder dem guten Gott begegnen wollen. Rastlos auf der Suche und dennoch mit einer unendlich tiefen Sehnsucht nach Liebe erhebt der Mensch seine Stimme: „Gott, du mein Gott, dich suche ich, meine Seele dürstet nach dir. Nach dir schmachtet mein Leib wie dürres, lechzendes Land ohne Wasser" (Ps 62 [63], 2). Es ist die geheimnisvolle, oft so widersprüchliche Seele des Menschen, die sich offenbart, ihr Ringen um das Gute und Schöne, ihre Ungewissheit und ihre Zweifel, ihr ruheloses Verlangen nach Ewigkeit, ihre immerwährende Hoffnung, dass einmal doch der große Morgen anbricht, „der heil'ge Berg erscheint", „ein ew'ger Frühling herrscht und grenzenlose Seligkeit"[1].

Im 7. und 8. Jahrhundert entsteht das unermessliche Repertoire des gregorianischen Chorals. Die altgriechischen Tonarten erwachen in den Psalmen zu neuem Leben. Die zeitlosen Melodien erfüllen seither die Klöster des Abendlandes und bringen romanische, gotische, barocke und moderne Kirchenräume zum Schwingen. Ein Hauch von Ewigkeit haftet ihnen an.

Martin Luther übersetzt die Psalmen, und die Barockmusik greift diese Texte auf. Die deutschen Kompositionen erreichen in den fünfstimmigen „Psalmen Davids" von Heinrich Schütz einen beeindruckenden Höhepunkt. Wunderbar sind die Psalmmotetten von Johann Sebastian Bach: „Singet dem Herrn ein neues Lied" und „Lobet den Herrn". Jede Musikepoche bringt

---

1 Haydn, Joseph. Die Jahreszeiten. Oratorium für Soli, gemischten Chor und Orchester. Nr. 39. Terzett und Doppelchor. Hib XXII:2. Nach einem Libretto von Gottfried van Swieten. Breitkopf und Härtel.

je eigene Weisen hervor. Die ergreifende Melodie des Psalms 116 [117] „Laudate Dominum omnes gentes" aus Mozarts „Vesperae solemnes de confessore" ist an Innigkeit kaum zu übertreffen. Anton Bruckner komponiert fünf deutsche Psalmen, von denen der Psalm 150 in einer monumentalen Fuge und einem machtvollen Halleluja gipfelt.

Aber auch die Musik des 20. Jahrhunderts steht im Bann dieser Texte. Igor Strawinsky komponiert 1930 seine Psalmensinfonie, und zwanzig Jahre später widmet Arnold Schönberg den von ihm vertonten Psalm 130 für sechsstimmigen gemischten Chor „dem Staat Israel".

In Brasilien singen wir viele Psalmen nach Melodien von Joseph Gelineau. Der französische Jesuit und Musiker verfasst 1959 eine Dissertation über die Psalmodie in den syrischen Kirchen in der Spätantike, die seine folgenden Werke inspirierte. Die Brüder der ökumenischen Gemeinschaft von Taizé sind unter den Ersten, die diese an die hebräische Urfassung angelehnte Textvertonung in die Liturgie einbinden.

Seit mehr als zwei Jahrtausenden singt und betet das Volk Israel die Psalmen und hat sie von Generation zu Generation weitergegeben. Heute sind auch wir als Volk Gottes in diesen Gebeten hineingenommen in die wunderbare Geschichte der Liebe, die Gott seit der Morgendämmerung der Schöpfung den Menschen schenkt. Die Trennung zwischen dem Ich und Wir ist aufgehoben, jede Ausgrenzung überwunden. Der einzelne Mensch weiß sich von der Gemeinschaft getragen.

Jesus und seine Mutter Maria haben wie die Bevölkerung im damaligen Palästina die Psalmen gebetet. Sie brauchten dazu kein Buch, denn die Worte waren in ihren Herzen eingeprägt.

Schon der Hymnus, den Maria aus tiefster Seele beim Besuch ihrer Cousine Elisabeth in den Bergen von Judäa singt, gibt Zeugnis, wie die alttestamentlichen Psalmen und Schriften Geist und Herz erfüllen (vgl. Lk 1,39–56). Das Magnifikat nimmt Anleihe bei den Psalmen, zitiert die Propheten Jesaja und Habakuk, lässt Worte aus dem ersten Buch Samuel erklingen und wiederholt die

Zuversicht des duldenden Ijob: „Mächtige stürzt er vom Throne" (vgl. Ijob 12,19) und „Niedere erhebt er" (Ijob 5,11). Kurz bevor Jesus am Kreuze unter grausamen Qualen stirbt, fleht er zum Vater: „Mein Gott, mein Gott, warum hast du mich verlassen" (Ps 21[22],2). Der Evangelist Matthäus überliefert uns den hebräischen, der Evangelist Markus den aramäischen Urtext dieses Aufschreis. Auch im Lukasevangelium (Lk 23,46) sind die letzten Worte des sterbenden Herrn ein Psalmvers. Jesus ruft zum Vater: „In deine Hände lege ich meinen Geist" (Ps 30 [31],6).

Die Psalmen kennen keine konfessionellen Grenzen. Die griechische Kirche des Orients betet sie wie die lateinische Kirche des Abendlandes, Katholiken wie evangelische Schwestern und Brüder, Christen wie Juden.

Planmäßig landet die Maschine in Marabá. Mit allen anderen Passagieren begebe ich mich in die Flughafenhalle. Während ich auf die Ansage des Weiterflugs warte, beobachte ich die rege Betriebsamkeit, das Kommen und Gehen. Wieder zurück im Flugzeug, tönt es aus dem Cockpit: „Wir wünschen Ihnen einen angenehmen Flug bis zu unserer nächsten Zwischenlandung in Carajás."

Die Region Carajás im Süden von Pará ist nicht nur für den Bundesstaat, sondern auch für Brasilien von großer wirtschaftlicher Bedeutung. Aufgrund der gigantischen Erzvorkommen sprechen Wissenschaftler von einer „geologischen Anomalie". Aus der Tiefebene Amazoniens erheben sich steile Hügel, die in ihrem Inneren Eisenerz, Kupfer, Gold, Uran, Zinn und andere Edelmetalle verbergen. Die wertvollen Rohstoffe könnten die Armut in Pará lindern, aber die Gewinne aus dem Bergbau schöpfen nur einige wenige ab oder sie fließen ins Ausland.

Der Flughafen liegt auf dem Plateau eines Hügels, mehr als 600 Meter über dem Meeresspiegel. Die Temperaturen sind in dieser Höhe anders als in Belém und Marabá. Ich meine sogar einen kühlen Wind zu spüren. Der Flughafen ist ein Spiegelbild des Reichtums dieser Region. Erstaunlicher Luxus im Hinterland von Amazonien: Neben einer Bar und einem Café sehe ich Boutiquen mit allen nur erdenklichen Souvenirs, überall gemütliche Sessel und Klimaanlage in Warteraum und Halle.

Der Zwischenstopp ist sehr kurz, was mich nicht verwundert, denn auf dem Weiterflug bin ich der einzige Passagier. Nach den routinemäßigen Informationen über Flughöhe, Temperatur und geplante Landezeit wünscht der Pilot wieder angenehmen Aufenthalt an Bord.

In meinen Gedanken dreht sich das Rad der Zeit um Jahre zurück. Ich erinnere mich an einen Dienstag, als ob er gestern gewesen wäre, es war der 10. Oktober 1995.

Pater Salvatore holt mich vom Flughafen in Tucumã ab und bringt mich zu den Schwestern, die uns zum Mittagessen eingeladen haben. Ich spüre, irgendetwas liegt in der Luft. Die Begrüßung ist wie immer herzlich, aber im Gesicht der Schwestern ist kein Lachen, kein Scherz kommt aus ihrem Mund. Sie sind sehr wortkarg. Wir setzen uns zu Tisch, sprechen ein Gebet und beginnen das Mittagessen. Das Klingeln des Telefons durchbricht das Schweigen. Am anderen Ende der Leitung ist Pater Sérgio und will mich sprechen. „Bruder Hubert ist tot, man hat ihn erschossen", teilt er mir mit. Die tragische Nachricht erdrückt mich fast. Ich ringe nach Worten und stammle: „Gott hab ihn selig!"

Was ist passiert? Wann und wo geschah der Mord? Warum und wie wurde Bruder Hubert getroffen? Gibt es weitere Verletzte oder Tote? Fragen über Fragen, auf die Pater Sérgio keine Antwort hat.

Nun habe ich die Erklärung für die gedrückte Stimmung. Die traurige Botschaft war in Tucumã bereits vor meiner Ankunft bekannt. Ich sollte sie erst nach der Mahlzeit erfahren. Diesen Plan hat Pater Sérgio ungewollt durchkreuzt.

Nach einigen Telefonaten habe ich eine ungefähre Vorstellung von dem furchtbaren Geschehen vor und im Haus der Prälatur in Altamira: Kurz vor 11 Uhr herrscht, wie jeden Tag, reger Betrieb. Viele Menschen warten vor dem Sozialbüro, bis sie an der Reihe sind, um ihr Anliegen vorzubringen. Zwei Männer drängen sich nach vorne und wollen Pater Frederico sprechen. Bruder Hubert sitzt, wie immer kurz vor dem Mittagessen, auf seinem Stammplatz im Eingangsbereich und raucht eine selbstgedrehte Zigarette. „Alle kommen dran, der Reihe nach!", bittet er um Geduld. Augenblicke später fallen mehrere Schüsse. Einer trifft Bruder Hubert an der Halsschlagader, ein weiterer in die Brust. Er ist auf der Stelle tot. Die Mörder suchen das Weite, feuern noch einige Kugeln ab und flüchten mit einem Auto vom Tatort.

Aufgrund der klimatischen Bedingungen müssen Beerdigungen in tropischen Regionen innerhalb von 24 Stunden stattfinden. Wie komme ich rechtzeitig nach Altamira, um den Auferstehungsgottesdienst für Bruder Hubert zu zelebrieren? Mit einem Linienflug? Aussichtslos! So telefoniere ich mit meinem Freund Pereira. Er erklärt sich bereit, mich am nächsten Morgen nach Sonnenaufgang mit seiner Cessna nach Altamira zu fliegen, wo wir kurz vor 10 Uhr eintreffen.

Die Kathedrale ist bis auf den letzten Platz gefüllt. Manches Gesicht habe ich nie zuvor in einer unserer Kirchen gesehen. Alle wollen sich von Bruder Hubert verabschieden. Er hatte stets ein offenes Herz für jeden Menschen, ohne sich zuvor nach dessen Herkunft oder Religionsbekenntnis zu erkundigen. Bedingungslos und ohne Vorbehalte folgte er dem Beispiel des barmherzigen Samariters zwischen Jerusalem und Jericho und hat treu Jesu Auftrag an uns erfüllt: „Geh und handle genauso!" (Lk 10,37b).

Vor dem Altar steht ein schlichter Holzsarg, den einige Blumen und ein Kreuz zieren. „Es gibt keine größere Liebe, als wenn einer sein Leben für seine Freunde hingibt" (Joh 15,13).

Nach der Beisetzung kehre ich ins Haus der Prälatur zurück und gehe in mein Zimmer. Bruder Hubert und ich waren Zimmernachbarn. Vor der Tür liegt Faísca, die weiß-schwarz gefleckte kleine Hündin. Ob morgens oder abends, ob Werktag oder Feiertag, ob bei der Arbeit oder beim Fischen, ob zu Fuß oder mit dem Fahrrad unterwegs, Faísca folgte Bruder Hubert immer auf Schritt und Tritt. Als ich die Hündin streichle, blickt sie mich mit ihren traurigen Hundeaugen an und winselt. Nein, sie weint, und ich weine mit ihr. Auch von ihr nehme ich Abschied. Ihr Lieblingsplätzchen vor der Tür wird bald leer sein. Seit der Ermordung ihres Herrchens frisst sie nicht mehr. – Ich habe sie nie mehr gesehen.

Wieder bin ich an einem 10. Oktober auf der Reise, im Flugzeug unterwegs. Mein Totengedenken gilt an diesem Tag Bruder Hubert. Warum wurde dieser herzensgute Mann, immer hilfsbereit und verantwortungsvoll, so grausam aus der Welt gerissen? Unsere Lebenswege haben einige Ähnlichkeiten. Beide wurden wir in Vorarlberg geboren und sind dort aufgewachsen: er in Götzis und ich in Koblach. Wenn wir über unsere alte Heimat ins Gespräch kamen, plauderten wir gerne in Vorarlberger Mundart. Obwohl er bereits 1956, neun Jahre vor mir, nach Brasilien an den Xingu kam, hat er seinen Alt-Götzner Akzent bewahrt. Oft lachten wir über die kleinen lautmalerischen Unterschiede unseres Dialekts.

Anfangs hat er mit viel Umsicht und Geduld die Druckerei der Prälatur aufgebaut und daneben die Mechanikerwerkstatt geleitet. Später übernahm er die Verantwortung für die Tischlerei. Besonders gern pflegte er die Bäume, die er in einem Gebiet am Stadtrand gepflanzt hatte. Unterschiedlichste Edelholzsorten hatte er ausgewählt. Bis vor kurzem war dieser Hain noch die einzige grüne Fläche der Stadt Altamira. Leider wurden die Bäume eines Nachts von Unbekannten gefällt. Die Polizei hat nichts unternommen, um die Übeltäter auszuforschen.

In den letzten Jahren vor seiner Ermordung war Bruder Hubert der Fischfang zur lieben Gewohnheit geworden. Freitagnachmittags packte er den Rucksack, schulterte die Angelrute, begab sich, dicht auf den Fersen von Faísca gefolgt, zu seinem Boot und fuhr flussaufwärts. Am Sonntag vor der Abendmesse kam er zurück. Am Montagmittag gab es dann ein saftiges Fischgericht für uns alle. Wenn er nach der Mahlzeit seinen Teller zum Abwasch brachte, sagte er jedes Mal mit dem ihm eigenen Lächeln: „Foi muito bom. Obrigado." (Es war sehr gut. Vielen Dank.)

Freundlich, hilfsbereit, dankbar, zuvorkommend, bescheiden, friedvoll. So war Bruder Hubert, und diese Eigenschaften haben alle, die ihn kannten, an ihm geschätzt.

Wie geht es im Oktober 1995 im Mordfall Bruder Hubert weiter? Wenige Stunden nach dem Attentat teilen anonyme Anrufer wiederholt mit, dass Pater Frederico Ziel des Anschlags sein sollte. Mit einem zuvor nie da gewesenen Eifer und Einsatz nehmen Polizei und Sicherheitsbehörden die Ermittlungen auf, nicht zuletzt aufgrund des internationalen Drucks. Die österreichische Botschaft in Brasília fordert die brasilianischen Behörden auf, alles in ihrer Macht Stehende zu unternehmen, um die Ermordung des österreichischen Staatsbürgers Hubert Mattle lückenlos aufzuklären.

Nach ersten Zeugenaussagen und Hinweisen stellt sich heraus, dass eine fünfköpfige Bande das Verbrechen bis in die Einzelheiten geplant hatte. Zwei Täter werden noch am Abend des 10. Oktober verhaftet, und die drei anderen am nächsten Tag. Merkwürdig erscheint uns die sofortige Anwesenheit von Rechtsanwälten bei der Einvernahme. Einer von ihnen ist Dr. Hercílio. Seine Gerissenheit als Advokat ist uns von einem anderen Fall bekannt:

Zwischen 1989 und 1993 werden in Altamira 22 Buben entführt, misshandelt, verstümmelt und ermordet. Allen Indizien zum Trotz verteidigt Dr. Hercílio beharrlich die Unschuld seiner hauptangeklagten Klienten. Mit dem Komitee für die Verteidigung der Kinder von Altamira haben Pater Sávio, Pater Frederico und ich stets mit Nachdruck die lückenlose Aufklärung und gerichtliche Verfolgung dieser barbarischen Delikte gefordert. Dieser Einsatz ist unseren Gegnern ein Dorn im Auge. Von ihren Drohungen lassen wir uns aber nicht einschüchtern.

Bis heute sind die Motive für die Ermordung von Bruder Hubert nicht wirklich klar geworden. Die Polizei geht zunächst von einem Raubüberfall aus. Diese Hypothese scheint nie schlüssig, wenngleich die Täter nach ihrer Flucht vom Haus der Prälatur die Bank von Amazonien überfallen und einen unerheblichen Betrag erbeutet haben. Ein möglicher Täuschungsversuch, um von den wahren Gründen abzulenken? Später antworten die Polizisten nur mit einem verlegenen Achselzucken auf die Frage nach dem Grund für den grausamen Mord.

Infolge des zielstrebigen Vorgehens der Polizei sitzt die Bande nun hinter Schloss und Riegel. Bereits beim ersten Verhör legt jeder ein umfassendes Geständnis ab.

Die zwei Todesschützen werden aufgrund der anzunehmenden besonderen Gefährlichkeit in das Gefängnis der Kaserne der Militärpolizei überstellt, die anderen drei Männer teilen sich eine Zelle im Kommissariat der Zivilpolizei.

Die Monate bis zum Prozess sind geprägt von bestürzend abenteuerlichen Ereignissen.

Júnior, der bei einem Medieninterview kaltschnäuzig prahlt, Bruder Hubert „abgeknallt" zu haben, kündigt dreist an, dass er nicht lange in der Kaserne bleiben werde.

„Wehe euch, wenn ich rauskomme! Die Leute in Altamira sollen sich in Acht nehmen!" Eine tragische Rolle spielt auch dessen Mutter, die ab dem Tag der Beerdigung von Bruder Hubert ihren Sohn verteidigt und vor laufender Kamera heftig gestikulierend das Verbrechen verharmlost: „In dieser Region gibt es so viele Mörder und keiner ist in Haft. Warum jetzt dieser Aufruhr? Nur weil mein Sohn einen Pater ins Jenseits befördert hat?"

Am 21. Jänner 1996, kurz nach Mittag, verbreitet sich die Nachricht „Júnior ist aus der Kaserne ausgebrochen!" wie ein Lauffeuer durch die Straßen und Gassen der Stadt. Wessen Hände da wohl im Spiel waren? Nicht einmal ein Kind hätte sich durch die Gitterstäbe zwängen können und schon gar nicht ein Mann. Also muss ein anderer Plan zur Flucht geführt haben, über den man in ganz Altamira spekuliert und munkelt: Einer der Brüder Júniors ist Militärpolizist und hat wohl geholfen oder zumindest vermittelt. „Aus Versehen" blieb die Zellentür unversperrt, sodass der Häftling unbehelligt das Weite suchen konnte. „Irgendwie" ist er an eine Uniform gekommen und hat dadurch beim Verlassen der Kaserne kein Aufsehen erregt. Vom Zellengenossen kommt kein klärender Hinweis, er verweigert die Aussage und schweigt beharrlich.

Dutzende bangen in den folgenden Monaten um ihr Leben. Wird Júnior seine Rachedrohungen wahr machen? „Ich habe eine Frau und kleine Kinder. Ich will nicht mit dem Mund voller Ameisen irgendwo aufgefunden werden", fleht mich Lenilson, einer der verängstigten Väter, um Hilfe an. Ich wende mich an den Staatssekretär für Öffentliche Sicherheit in Pará, Sette Câmara, der mir versichert, dass die Militärpolizei den ganzen Bundesstaat kontrolliere, um den Flüchtigen aufzuspüren.

Knapp einen Monat später eine weitere Hiobsbotschaft: Ausbruch der Häftlinge aus dem Kommissariat der Zivilpolizei. Die gelungene Flucht von Júnior hat sie wohl zu diesem Schritt ermutigt, der so spektakulär und zugleich unglaublich war, als würde er einem Filmdrehbuch entstammen. Mit Dosen und Löffeln graben die Häftlinge einen sechs Meter langen Tunnel von ihrer Zelle zum Lagerraum eines benachbarten Geschäftslokals. Mit dem Toilettenkübel tragen sie die Erde zurück in die Zelle und häufen sie auf. Am 19. Februar 1996, gegen 2 Uhr morgens kriechen die Häftlinge in die ersehnte Freiheit. Der Wache schiebende Polizist dürfte eingenickt sein, weil er von dem, was sich im Erdreich unter ihm zugetragen hat, nichts bemerkt hatte. Das Bild, das sich mir beim Lokalaugenschein bietet, macht mich stutzig. In einer Ecke das Loch, in der anderen zwei aufgetürmte Erdhügel.

Unfassbar! Entweder war die Zelle tagelang nicht inspiziert worden, oder die Polizisten waren allesamt taub und stark fehlsichtig. Wie war sonst eine ungehinderte Flucht möglich? Trotz wochenlanger Anstrengungen und Schwerstarbeit währt das Glück der Freiheit nur wenige Stunden. Eine Polizeistreife greift die drei Beschuldigten auf und bringt sie wieder hinter Schloss und Riegel.

Wochen verstreichen ohne jegliche Spur von Júnior. Irgendwann während dieser Zeit erstattet ein Geschäftsmann in Belém Anzeige. Seine Luxuslimousine ist ihm gestohlen worden. Die Fahndung nach dem Fahrzeug verläuft zunächst ohne Erfolg, bis die Polizei bei einer Kontrolle einen stattlichen Wagen stoppt, um die Dokumente des Lenkers zu prüfen. Die Personalkarte, mit der dieser sich ausweist, lautet auf „Antônio da Silva", Fahrzeugpapiere kann er keine vorweisen. Die Gesetzeshüter riechen Lunte und nehmen den Fahrer zur Klärung der Besitzfrage in Gewahrsam, nicht ahnend, dass ihnen zwei dicke Fische ins Netz gegangen sind. Beim Fahrzeug handelte es sich um die gestohlene Luxuskarosse und beim verdächtigen Lenker um den lange gesuchten flüchtigen Júnior. Dessen wahre Identität bleibt der Polizei in Belém vorerst noch verborgen.

Der Fahndungserfolg macht aufsehenerregende Schlagzeilen in der Tageszeitung O Liberal und versetzt ganz Altamira in Staunen. Das in der Zeitung veröffentliche Foto des Fahrzeugdiebes lässt für die Leute in Altamira keine Zweifel offen.

Die Telefonleitungen zwischen Altamira und Belém glühen aufgrund der zahlreichen Anrufer, die allesamt beschwören, dass der vermeintliche Antônio da Silva kein Geringerer als der berüchtigte Mörder Júnior sei.

Ein Vergleich der Fingerabdrücke bringt die Bestätigung, und der Verbrecher wird von der Polizeiwache in die Strafanstalt Americano überstellt.

Das Kapitel Júnior im Mordfall von Bruder Hubert hat noch eine Fortsetzung. Die Mutter lässt nichts unversucht, um ihren Sohn freizubekommen. Wieder einmal besucht sie Júnior im Gefängnis. Nach einer Weile passiert eine Frau den Wachposten kurz vor dem Ausgangstor. Einem aufmerksamen Polizisten entgehen weder die schlecht sitzende Perücke noch die kräftigen Beine der vorbeigehenden Person. Er schlägt sofort Alarm. Zum Glück ist dieser recht einfältige Fluchtversuch fehlgeschlagen. Unverständlich bleibt, warum die Mutter für diese Tat nie zur Rechenschaft gezogen wird, obwohl die Beweise auf der Hand liegen.

Júnior hat nicht nur eine dicke Strafakte bei den Behörden in Pará, sondern auch im Bundesstaat Tocantins. Dort gilt er als flüchtig, bis die Polizei in Erfahrung bringt, dass er in Belém hinter Gittern sitzt. Kurz vor Beginn des Gerichtsverfahrens in Palmas, der Hauptstadt von Tocantins, beantragt die Staatsanwaltschaft von Tocantins die Auslieferung des Schwerverbrechers, dem sie Morde und Vergewaltigungen anlastet. Kaum ein Monat vergeht, als mich am 26. Mai 1996 ein völlig verstörter Lenilson anruft. „Júnior ist aus dem Gefängnis in Palmas ausgebrochen", sagt er mit bebender Stimme. In Altamira verbreiten sich erneut Angst und Zittern.

Am 23. Oktober 1997, zwei Jahre und zwei Wochen nach der Ermordung von Bruder Hubert, sitze ich genau zur Mittagsstunde im gedrängt vollen Gerichtssaal von Altamira. Die Anwesenden erheben sich, als Richter Dr. Elder Lisboa Ferreira da Costa eintritt. Energisch tippt er auf die Klingel. Der Gerichtsdiener schließt die Türen. Soldaten stehen Wache. Der Richter beginnt mit der Verlesung des Urteils, das auf 25 Seiten zusammengefasst ist. In Ausübung seines Amtes, das er mit Eid übernommen habe, bemühe er sich um einen gerechten Urteilsspruch, der es ihm abends erlaube, vor Gott zu beten: „Herr, behandle mich morgen genauso, wie ich heute die anderen behandelt habe", eröffnet der Richter die Begründung seiner Entscheidung. Dr. Elder hat vor den Rechtswissenschaften einige Semester Theologie studiert, wie bei der Urteilsverkündigung herauszuhören ist. Er bezeichnet die Verbrecher als „apokalyptische Reiter" und vergleicht sie mit dem „Tier, das aus dem Abgrund heraufsteigt" (Offb 11,7), um „Terror, Schrecken und Tod" in Altamira zu säen.

Reich an Pathos und bilderreichen Phrasen, bietet Dr. Elder ein beeindruckendes Beispiel juristischer Beredsamkeit und kommt schließlich zum bedeutendsten Punkt des Verfahrens, dem Ausmaß der Strafe. Die Hauptangeklagten José Roberto Rodrigues, Waldenor Carlos Marinho Júnior und Walter Carlos Januário müssen für die Ermordung von Hubert Mattle, für Bandenbildung und weitere Verbrechen mit je 74 Jahren Haft büßen. Zwei Mittäter werden zu 40 Jahren und 18 Jahren Gefängnis verurteilt.

„Wenngleich er sich der weltlichen Gerichtsbarkeit entzogen hat, wird er sich vor der göttlichen Justiz zu verantworten haben", sagt der Richter über José Henrique Gonçalves Oliveira, den Kopf der Bande, der vor einigen Monaten im Gefängnis an Herzversagen gestorben ist.

Nach der Versammlung überreicht mir Dr. Elder in seinem Büro den Text des Rechtsspruchs. Doch welchen Wert hat das Urteil, wenn sich ein Mörder wie Júnior durch Flucht der Bestrafung entzieht und vielleicht bald das nächste Verbrechen begeht?

Es sollte anders kommen. Am 9. August 1998 ruft mich Cecília Palheta, die Bürgermeisterin von Gurupá, an. Aufgeregt berichtet sie von schrecklichen Ereignissen in der Gemeinde. Das Postflugzeug, das neben den Briefen und Paketen diesmal auch die Renten brachte, ist am Vortag auf dem Flugfeld überfallen worden. Unbekannte Männer seien während der Landung aus den Büschen gesprungen, hätten den wartenden Postdirektor überwältigt und in den noch rotierenden Propeller in den Tod gestoßen, das Flugzeug ausgeraubt und währenddessen Passanten als Geiseln genommen. Mit der Beute seien die Täter auf das nahe gelegene Landgut ihres Vaters geflüchtet und hätten sich in einer Scheune verschanzt. „Nach der Anzeige des Anschlags bei den Sicherheitsbehörden in Belém wurde eine Einheit der Militärpolizei nach Gurupá abkommandiert", versichert die Bürgermeisterin.

Schnell dringen die Militärpolizisten bis zum Anwesen vor, umzingeln das Gebäude und setzen zum Sturm an. Als die Verbrecher schießen, erwidert die Polizei das Feuer. Einer der Männer stirbt im Kugelhagel. Seine Leiche wird nach Belém zur Obduktion gebracht. Der Vergleich der Fingerabdrücke bestätigt die Identität des toten Waldenor Carlos Marinho Júnior.

Als diese Information in Altamira bekannt wird, steigen Leuchtraketen, zugleich aber auch die bangen Fragen auf, ob sich die Polizei nicht getäuscht hat, ob es tatsächlich Júnior war, der in Gurupá ums Leben kam. Um alle Bedenken und Zweifel zu zerstreuen und die Verängstigten zu beruhigen, wende ich mich an die Direktorin des gerichtsmedizinischen Instituts in Belém und ersuche um eine Abschrift des Gutachtens. Die Lektüre des Dokuments lässt mich erschaudern. Auf der „Bescheinigung des Todes von Waldenor Carlos Marinho Júnior" ist jeder Einschuss bis ins Detail dokumentiert. Zu diesem Befund fällt mir das brasilianische Sprichwort ein: Wer mit einer Waffe verletzt, wird durch eine Waffe verletzt werden.

„O Gott, du offenbarst deine Allmacht besonders im Vergeben und in deiner Barmherzigkeit", heißt es im Tagesgebet zum 26. Sonntag im Jahreskreis. Möge, jenseits einer grauenvollen Geschichte und furchtbarer Verbrechen, doch Gottes Barmherzigkeit dem „verlorenen Sohn" die Verzeihung schenken!

Vor uns erkenne ich bereits Ourilândia do Norte, acht Kilometer von Tucumã entfernt. Die zeltförmige Kirche, der heiligen Rita von Cássia geweiht, hebt sich von den vielen kleinen Häusern ab. Der weiße Turm gleißt im Sonnenlicht. Das Flugzeug mit zwei Piloten und einem einzigen Passagier zieht mehrere Schleifen, bis es schließlich auf der rotbraunen Piste von Tucumã landet.

Pater José, Pater Giovanni, die Schwestern, Frauen, Männer und Jugendliche aus Tucumã heißen mich herzlich willkommen. Nach der Begrüßung bringt mich ein Jeep zur Kirche. Dort warten etwa 50 Mädchen und Burschen, denen ich morgen das Sakrament der Firmung spenden werde. Heute wollen sie die Beichte ablegen.

Ich betrete den kleinen Raum neben dem Kirchenportal. Ein Tisch und zwei Stühle sind für die Beichtgespräche vorbereitet. Den Tisch ziert ein handgesticktes Tuch. Neben dem Kreuz liegt die aufgeschlagene Bibel. Als ich mich hinsetze, fällt mein Blick auf einen Psalmvers:

„Die Rettung der Gerechten kommt vom Herrn,
er ist ihre Zuflucht in Zeiten der Not.
Der Herr hilft ihnen und rettet sie,
er rettet sie vor den Frevlern;
er schenkt ihnen Heil,
denn sie suchen Zuflucht bei ihm.“

(Ps 37 [38], 39–40)

Und da steht auch wieder eine Vase mit wunderschönen roten Blumen.

„… aber den Frühling können sie nicht töten!“

Nach einigen Tagen in Altamira steht wieder eine Pastoralreise auf dem Programm: Uruará. Was wird mich diesmal in dieser Stadt und den umliegenden kirchlichen Basisgemeinden erwarten?

Die Region hat in den letzten Jahrzehnten einen großen Wandel erfahren. Bis zum Bau der Transamazônica waren die Ufer des Tapajós, Xingu, Tocantins, Araguáia und deren Nebenflüsse bevorzugtes Siedlungsgebiet. Während diese Ströme ihren Lauf vom Süden nach Norden nehmen und in den Amazonas münden, wird das Land nun von Ost nach West von dieser gigantischen Straße durchkreuzt.

Wie ein Magnet zog die Transamazônica Tausende landlose und kleinbäuerliche Familien aus allen Teilen Brasiliens an. Die Sehnsucht nach einem schönen, weiten Land, „in dem Milch und Honig fließen“ (Ex 3,8), begleitete sie in eine unbekannte Gegend und Zukunft.

Bei Kilometer 46, Kilometer 90, Kilometer 180 und Kilometer 240 entstanden größere Siedlungen, die bald zu kleineren und mittleren Städten anwuchsen: Brasil Novo, Medicilândia, Uruará, Placas und Rurópolis. Uruará ist der größte Ort. Er hat sich nicht wie São Paulo um ein Kirchlein ausgebreitet, sondern nahm mit einem landwirtschaftlichen Lagerschuppen seinen Anfang. Die mehrspurigen ungepflasterten Hauptstraßen von Uruará sollten wohl die tropische Nachbildung der Avenidas L und W in der Bundeshauptstadt Brasília sein. Heute zählt Uruará rund 45.000 Einwohner, bunt gemischt in den Hautfarben und aus fast allen brasilianischen Bundesstaaten. Die seit 1991 eigenständige Pfarrei trägt den Namen „Unsere Liebe Frau von Fatima“ und umfasst über 80 kirchliche Basisgemeinden. Sie sind weit verstreut und zum Teil nur unter schwierigen Bedingungen zu erreichen.

Das Volk Gottes in diesen kirchlichen Basisgemeinden bestimmt die Treffpunkte für die Begegnung mit dem Bischof. So komme ich jeden Tag an einen anderen Ort, spüre überall freudige Erwartung und finde bei Jung und Alt eine äußerst herzliche Aufnahme.

Mein Kommen in eine Gemeinde ist meist mit der Spendung der Firmung verbunden. Die Mädchen und Burschen bereiten sich lange auf dieses Sakrament vor. In den Diözesen Brasiliens müssen die Jugendlichen mindestens 15 Jahre alt sein. Oft sind aber auch verheiratete Frauen und Männer unter den Firmlingen.

Bei der lebendig gestalteten Eucharistiefeier bringen alle ihre Charismen ein. Mit festlich aufgeregter Stimme begrüßen die einen die Familien und Freunde, andere tragen die Lesungen vor und stimmen die Lieder an, wieder andere stellen ihr künstlerisches Talent bei einer szenischen Darstellung des Evangeliums oder des Pfingstereignisses in der Apostelgeschichte unter Beweis.

Nach dem Evangelium folgt der Firmritus. Mit dem versammelten Volk Gottes erneuern die Firmkandidaten das Taufgelübde. Dann lege ich den Firmlingen die Hände auf und lade auch die Katechisten dazu ein. Nach der Salbung mit Chrisma und dem Friedensgruß erbitten die Gefirmten den Segen ihrer Paten. Mit feierlichem Ernst und tiefer Andacht vollziehen die Patinnen und Paten diese Geste der Sendung: „Gott segne dich! Gott begleite dich“ und eine innige Umarmung ihres Patenkindes.

Zum Abschluss des Gottesdienstes versammeln sich die Firmlinge um den Altar. Während ich den Segen spende, breiten sie ihre Hände über die Anwesenden aus. Dann kommen die Angehörigen, drücken ihre Lieben ans Herz und führen sie zurück in den Kreis der Gemeinde. Manche sind in diesem Moment so gerührt, dass sie Tränen in den Augen haben, während andere über das ganze Gesicht strahlen. Niemand scheut sich, Gefühle zu zeigen. Die Leute sind einfach, ungekünstelt, ungezwungen, offenherzig.

Die Feier findet ihre Fortsetzung beim gemeinsamen Mahl, bei dem niemand hungrig bleibt. Jede Familie hat etwas mitgebracht: ein gekochtes Huhn, gebratenen Fisch, Bohnen, Reis, Maniok, Bananen, Orangen. Es wird geteilt und alle dürfen zugreifen.

Zuerst sind die Kinder an der Reihe. Ihre Eltern füllen ihre Teller oder was sonst als Essgeschirr herhalten muss. Manchmal löffeln zwei oder drei Kinder aus einer Schale. Jetzt ist es auch für die Erwachsenen an der Zeit, sich zu bedienen. Zwischendurch wird erzählt, gescherzt, gelacht. Früher als allen lieb ist, endet das Fest. Und die Frage aus dem Munde der Kinder, der Jugendlichen, der Frauen und Männer: „Wann kommst du wieder?" stimmt mich melancholisch. „Sobald als möglich, so Gott will!" ist meine Antwort und ich weiß, dass ich vielleicht erst wieder in zwei Jahren an diesem Ort sein werde.

Es ist nicht nur Traurigkeit, die ich beim Abschied in manchen Gemeinden empfinde, oft sind es auch Betroffenheit, Empörung und unendliche Ohnmacht, angesichts der Probleme und Sorgen, die das Leben der Leute bestimmen. Diese Erfahrung muss ich, leider Gottes, in Pedra Roxa machen. Statt mit vertrautem Lachen und freudigen Gesichtern begrüßen mich verängstigte und eingeschüchterte Leute.

Die Anreise vom Km 140 der Transamazônica nach Pedra Roxa dauert über eine Stunde und ist anstrengend. Über den Weg ist eine Kette gespannt und zwingt das Fahrzeug zum plötzlichen Anhalten. Ein Wachmann kommt näher und kontrolliert mit strengem Blick die Insassen. Mit mir im Auto unterwegs sind João, der Vorsitzende der Landarbeitergewerkschaft von Uruará, und Ademar, der lokale Leiter des Instituts für Kolonisierung und Agrarreform (INCRA).

„Oh, Sie sind es!", sagt der nicht wenig überraschte Wachmann zu mir. Seit über zehn Jahren habe ich César nicht mehr gesehen. Früher arbeitete er in der Reismühle der Prälatur. „Was machst denn du hier?“, frage ich ihn erstaunt. „Wache schieben!“, antwortet er stolz. Er hat es sichtlich zu etwas gebracht und kann nun entscheiden, ob der Bischof passieren darf. Insgeheim aber frage ich mich, ob denn ein öffentlicher Verkehrsweg einfach abgesperrt werden darf. Unweigerlich erinnere ich mich an die Besatzung nach dem Zweiten Weltkrieg, die Schlagbäume und die französischen Soldaten, die den Ausweis meiner Mama verlangten, wenn sie mit uns Kindern in den Nachbarort ging.

Steht diese Blockade nicht im Widerspruch zur brasilianischen Verfassung, die allen Bürgern das Recht einräumt, sich frei im Land zu bewegen, zu kommen und zu gehen, außer im Fall eines gerichtlichen Urteils nach einer Straftat?

João und Ademar haben eine Erklärung für die Straßensperre. Ein habgieriger, starrsinniger Großgrundbesitzer gebärdet sich hier wie ein mittelalterlicher Landgraf, um sich die Kleinbauern vom Hals zu halten. Obwohl er bereits ausgedehnte Ländereien sein Eigentum nennt, erhebt er Anspruch auf weitere Tausende Hektar in der Umgebung, wo sich vor einigen Monaten Dutzende Siedler niedergelassen haben. Zu diesen Familien sind wir unterwegs. César fehlt freilich der Mut, unsere Weiterfahrt zu verhindern. Er lässt die Kette fallen. Aber schon nach wenigen Minuten endet die Straße.

Über zwei Stunden lang bahnen wir uns zu Fuß mühsam den Weg durch dichten Wald, über Stock und Stein, bergauf und bergab. Das Dickicht lichtet sich, und wir stehen vor ärmlichen Strohhütten. Die Leute winken, kommen mir entgegen und geleiten mich zu einem für diesen Besuch eingerichteten Unterstand. Das Dach ist mit Schindeln gedeckt und die auf Pfählen ruhenden Rundhölzer dienen als Sitzbänke. Trotz Armut und Einfachheit hat alles eine festliche Note. Vorne, auf rotbrauner Erde ein Tisch mit strahlend weißem Tuch, darauf eine Vase mit roten Blumen. Erwartungsvoll und fragend richten sich die Augen aller auf mich: Was wird die Zukunft für uns bringen? Die Sehnsucht nach einem menschenwürdigen Dasein steht ihnen ins Gesicht geschrieben.

Die roten Blumen weckten damals die Erinnerung an ein längst vergangenes Erlebnis in mir: Mein erster Besuch in Chile. Pinochet beherrschte das Land mit diktatorischer Macht. In einem Außenbezirk von Santiago fand die Totenwache für eine junge Frau statt.

Sie leistete Widerstand gegen das Regime, wurde verfolgt, eingesperrt und misshandelt. Die grausame Folter hat sie nicht überlebt. Ein politischer Mord! Unweit des Trauerhauses stand auf einer Mauer in großen Buchstaben geschrieben: „Sie haben eine Blume geknickt, aber den Frühling können sie nicht töten!"

Warum erinnere ich mich hier, an einem vergessenen Winkel Brasiliens, fast am Ende der Welt, ausgerechnet an diese Begebenheit? Warum denke ich beim Anblick der roten Blumen an eine ermordete Chilenin, die ich nie persönlich kennen gelernt habe?

Die versammelte Menge lässt nicht lange auf sich warten. Einige Männer erzählen ein Stück ihrer Lebensgeschichte. Obwohl der Nordosten ihre Heimat ist, waren sie dort nie richtig sesshaft. Auf der Suche nach Arbeit und einem Stück Ackerland zogen sie von einem Ort zum anderen. Ihren kargen Unterhalt verdienten sie als Tagelöhner bei Großbauern. Manche schnitten das Zuckerrohr auf den Plantagen um Medicilândia. Als man ihnen monatelang den Lohn verweigerte, besetzten sie im Jahr 1983 die Transamazônica. „Bei dieser Protestaktion haben wir Sie kennen gelernt. Die Militärpolizei hat Sie damals niedergeschlagen und abgeführt", erinnern sich Monteiro und Catingueiro.

Nach der Besetzung war ihre nächste Station die Fazenda des Doktor Francisco. Dort schufteten sie als Rindertreiber im Austausch für karge Lebensmittel. Einen Geldschein hielten sie selten in der Hand. Doch dann erfuhren sie von einem brachliegenden Gebiet in der Nachbarschaft. So packten die dreißig Familien ihre Habseligkeiten und machten sich auf den Weg, um sich auf dem unbewirtschafteten Land niederzulassen.

Anfangs drohte ihnen Doktor Francisco, dann heuerte er Pistoleiros an und schließlich bemühte er die Gerichte. Für die Vertreibung der Siedler forderte er die Unterstützung der Militärpolizei. Sein riesiges Land genügt ihm nicht, er will noch mehr. Das Schicksal anderer Menschen lässt ihn gleichgültig. Unbarmherzig kämpft er gegen die Kleinbauern an.

Der nach immer mehr Besitz strebende Doktor Francisco ist kein Einzelfall, wie die jährlichen Berichte über Landkonflikte leider zum Ausdruck bringen. Fast jedes Mal steht unser Bundesstaat Pará an der Spitze der tragischen Bilanz. Die Gefahr gewaltsamer Übergriffe ist für Landlose ständig gegeben. Darum ist es allzu verständlich, dass sie in permanenter Angst leben.

Dennoch kommt es wie aus einem Munde: „Wir wollen von hier nicht weg. Auch wir haben Recht auf Land und Leben!“ Mit großem Bangen erwartet die Bevölkerung von Pedra Roxa den 23. August. Diese Frist hat Doktor Francisco den Familien gesetzt, um von seiner Fazenda abzuziehen. Für „Zwischenfälle“ danach würde er keine Verantwortung übernehmen. Wird der Großgrundbesitzer seiner Privatmiliz an diesem Tag befehlen, auf die Siedler zu schießen?

Das INCRA habe bereits Schritte zur legalen Ansiedlung eingeleitet, berichtet Ademar und verspricht, alles zu unternehmen, damit der Staat für die Betroffenen endlich genügend Grund zur Verfügung stellt. Die Zusammenarbeit mit der Landarbeitergewerkschaft und der Kirche ist ihm dabei wichtig. Diese Haltung des Vertreters einer staatlichen Behörde überrascht mich. Bisher war das INCRA eher Gegner als Verbündeter und verteidigte lieber die Interessen der Großgrundbesitzer, statt die Landlosen zu unterstützen.

Ademar beteuert, er sei längst überzeugt: „Es gibt keine Lösung für die Landkonflikte, wenn wir uns nicht alle voll und ganz für die landlosen Bauern einsetzen!“ Diese „Option für die Armen“ aus dem Munde des Repräsentanten einer staatlichen Instanz ist für mich völlig neu.

Plötzlich tritt Maria dos Prazeres aus der Menge, kniet nieder und erhebt ihre Stimme: „Unsere Liebe Frau von Nazaret, wir bitten dich: Lass nicht zu, dass man uns vertreibt. Wir wollen arbeiten und unsere Kinder großziehen. Wir wollen in Frieden leben. Wir flehen zu dir, lass nicht zu, dass hier Blut vergossen wird." Tränen rollen über ihre Wangen.

Wieder fällt mein Blick auf die roten Blumen und ich schließe mich der Fürbitte an: „Heilige Maria, erhöre das Gebet dieser Frau. Keine weitere Blume soll geknickt werden. Ein neuer Frühling möge auch für diese Armen anbrechen." Groß und Klein, Jung und Alt reichen einander die Hände, sprechen das Vaterunser und umarmen sich zum Zeichen ihrer Verbundenheit, auch über diesen Tag hinaus.

Einige Männer begleiten uns ein Stück des Rückwegs. Im Wald hält Monteiro jäh inne und fragt mich: „Wie werde ich reagieren, wenn Doktor Francisco mit einer Waffe vor mir steht? Was wird dann geschehen?"

„Denk nicht an solche Dinge, Monteiro!", erwidere ich. „Um seine Interessen nicht aufs Spiel zu setzen, wird der Doktor selbst jegliche Gewalt meiden. Er will euch lediglich einschüchtern!", beschwichtige ich den achtfachen Vater. Er nickt erleichtert und stapft weiter durch das Gestrüpp. Zwei Stunden später taucht vor uns das abgestellte Fahrzeug auf. Wir sind alle müde, erschöpft.

Einige Tage später erlebe ich in Altamira eine Überraschung. Ich berichte vom bedauernswerten Schicksal der dreißig Familien in Pedra Roxa und komme auch auf Doktor Francisco und seine Fazenda zu sprechen, die den Namen der Wildkatze „Maracajá" trägt. „Eigentlich müssten Sie diesen Mann kennen", meint eine Frau. „Ich glaube nicht. Viele Männer heißen hier Francisco, und wer reich ist oder einer Behörde vorsteht, wird mit Doktor angesprochen, auch ohne abgeschlossenes Studium", entgegne ich. „Sicher kennen Sie diesen Doktor Francisco!", beharrt die Frau. „Er wohnt hier in Altamira und ist Ihr Nachbar. Von Ihrem Büro aus ist sogar seine Küche zu sehen." Es fällt mir wie Schuppen von den Augen. Das kann doch nicht wahr sein! Jeden Morgen höre ich den Milchmann rufen: „Eh! Leite, leite!", und unsere Köchin Lourdes ist zur Stelle und übernimmt die Kanne. Ein paar Schritte weiter hält der Milchmann erneut die Zügel seines Esels straff und schreit „Eh! Leite, leite!" und beliefert auch Doktor Francisco mit Milch. Sie stammt nicht von seiner Fazenda, die 160 Kilometer von Altamira entfernt liegt.

Doktor Francisco hat die Nachbarschaft mit dem Bischof nie gepflegt und mich immer gemieden. Ich meine, jetzt endlich den Grund dafür zu wissen.

„…weil sie so viel Liebe gezeigt hat“ (Lk 7,47)

„Es war um die zehnte Stunde“ (Joh 1,39), erinnert sich der betagte Johannes in seinem Evangelium an die erste Begegnung mit dem Herrn. Ähnlich hat sich mir so manche Begebenheit tief in mein Herz geprägt. Oft weiß ich noch Datum, Stunde und andere Einzelheiten, selbst wenn Ereignisse schon viele Jahre zurückliegen.

Ein erschütterndes Verbrechen in São Félix do Xingu habe ich nie vergessen. Ich erinnere mich auch an das Datum: 12. November 1990. Zehn Jahre davor wurde meine Ernennung zum Bischof vom Xingu veröffentlicht. Als ich an jenem Montag in São Félix eintreffe, berichten mir die Leute sofort von einem tragischen Vorfall. In einer kleinen Gemeinde sei ein Mann angeschossen worden. Der schwer Verletzte liege im Spital in São Félix, und der Arzt befürchte das Schlimmste.

Es ist um die zehnte Stunde, also gegen vier Uhr nachmittags, als eine Frau durch die Hintertüre die Küche des Pfarrhauses betritt. „Den Segen“, bittet sie, wie es hier bei der Begrüßung Brauch ist. Sie nimmt meine Hand und küsst sie. Ich küsse ihre Hand: „Gott segne dich. Er mache dich glücklich.“ Und schon rollen Tränen über ihre Wangen, die sie mit dem Handrücken abwischt. Die Frau heißt Aparecida, ist noch keine 30 Jahre alt, sieht aber wie ein 15-jähriges Mädchen aus. Sie ist sehr mager. Wahrscheinlich ernährt sie sich nur von Reis und Bohnen. Fisch oder Fleisch liegen sicher ganz selten auf ihrem Teller.

„Warum weinst du? Was ist passiert?“, frage ich besorgt. Schluchzend erzählt sie ihre traurige Geschichte. Aparecida ist die Frau von Pedro, der im Krankenhaus um sein Leben kämpft. „Gegen Mittag kommen zwei junge Männer in unsere Hütte. Mein Mann lädt sie ein, Platz zu nehmen. Sie wollen Tabak. Pedro sagt, er rauche nicht, deswegen habe er keinen Tabak. Ein belangloses Gespräch über dies und jenes ergibt sich, soweit ich es aus der Küche mitverfolgen kann. Plötzlich höre ich einen Schuss. Sofort eile ich in den Nebenraum. Mein Mann liegt am Boden und presst seine Hand gegen eine stark blutende Wunde. Von den beiden Burschen fehlt jede Spur. Unser zweijähriges Kind kauert neben dem verletzten Vater und schreit: ‚Papai dodoi!' (Papa weh-weh!) Was soll ich tun? Unsere Nachbarn wohnen alle weit weg. In meiner Verzweiflung laufe ich dennoch nach draußen. So schnell mich meine Füße tragen, eile ich in jene Richtung, wo ich Hilfe vermute. Es scheint mir eine Ewigkeit zu dauern, bis einige Männer meinen Weg kreuzen. Meine Erleichterung über die Retter in der Not währt aber nicht lange. Zu viele bange Fragen, Sorge und Angst quälen mich. Als wir endlich zurück sind, stöhnt Pedro vor Schmerzen", berichtet Aparecida mit tränenerstickter Stimme.

Die Männer legen einen Notverband aus Windeln an und schleppen den Verletzten in der Hängematte sechs Kilometer bis zur nächsten Straße und warten dort auf einen Transport. Irgendwann hält ein Lastwagen an. Für fünf Reais, umgerechnet knapp zwei Euro, will der Fahrer Pedro, seine Frau und ihr Kind mitnehmen. Aparecida hat aber nur zwei Reais. Sie fleht, bittet und bestürmt den Fahrer, bis er sich der Familie erbarmt und ihr ausnahmsweise für zwei Reais einen Platz auf der Ladefläche einräumt. Gegen Mitternacht erreicht der Laster die Stadt.

Aparecida putzt sich die Nase, räuspert sich und setzt mit rotgeweinten Augen fort: „Gott sei Dank, jetzt ist Hilfe nicht mehr weit, denke ich, als wir vor dem Spital in São Félix stehen. Weit gefehlt. ‚Für die Aufnahme sind zwanzig Reais zu bezahlen', heißt es beim Schalter für die Anmeldungen. ‚Muss mein Mann auf der Straße sterben, weil wir kein Geld haben? Es könnte doch Ihr Bruder oder Vater sein, der dringend einen Arzt braucht!', schreie ich den Mann am Eingang an. All mein Betteln und Jammern nützt nichts. Ich war ratlos, fühlte mich ohnmächtig, von aller Welt verlassen."

Die Frau hält inne und senkt den Blick. Verlegen zupft sie an ihrer Bluse, zerknüllt das Taschentuch in der Hand und hält sich daran fest, wie eine Ertrinkende am rettenden Balken. Ich bin gerührt, empfinde Mitleid und Wehmut. Gleichzeitig überkommt mich Empörung, packt mich Zorn. Viel zu oft habe ich ähnliche Berichte und Klagen vernommen. Ein paar Monate zuvor flehte mich eine Frau in Vitória händeringend um 20 Reais an – umgerechnet knapp sieben Euro. „Maria wurde im Spital abgewiesen. Sie ist hochschwanger, aber das Ungeborene regt sich nicht mehr im Mutterleib. Vermutlich ist es tot", klagte sie.

Wer arm ist, hat kein Recht auf medizinische Versorgung. Warum so viel Elend und Not in einem Land, das Gott so reichlich beschenkt hat, mit Wiesen und Wäldern, Flüssen und Seen, mit Pflanzen und Tieren, mit wertvollen Schätzen auf und unter der Erde? Bittere Armut auf der einen, unermesslicher Reichtum auf der anderen Seite. Hier Hütten aus morschen Brettern, mit löchrigen Dächern und Lehmböden, dort Villen mit zwanzig und mehr Räumen, mit Marmor getäfelt und mit vergoldeten Wasserhähnen. Hier zu wenig Geld für eine Mitfahrgelegenheit, dort gepanzerte Limousinen und Privatjets. Hier von der Scholle vertrieben, dort ein Grundbesitz so groß wie etwa Belgien oder die Schweiz. Hier keinen Centavo für einen Arzt, dort Millionen Reais für Schönheitschirurgie.

Obwohl diese armen Frauen und Männer im Schweiße ihres Angesichts (vgl. Gen 3,19) einen Acker bestellen, sich als Tagelöhner verdingen, schwere Lasten schleppen, die Wäsche anderer waschen, in fremden Häusern putzen, haben sie immer zu wenig, um menschenwürdig leben zu können. Ausbildung, Gesundheitsvorsorge, Transport, angemessener Wohnraum, ausgewogene Ernährung kosten Geld, das sich Aparecida und Pedro wie viele andere Siedler und Kleinbauern am Xingu und an der Transamazônica nie vom Mund absparen können.

Zu nachtschlafender Stunde stehen die drei nun vor dem Spital, der angeschossene Vater, seine Frau und ihr Kind. Nur wenige

Schritte trennen sie von einem Arzt, doch ohne Geld bleibt die rettende Behandlung in weiter Ferne. Die Straße ist menschenleer. Irgendwo bellen Hunde, als der Motor eines Autos aufheult, und wieder wird es ruhig. Schritte hallen durch die Nacht. Eine Frau kommt des Weges. Ihre Kleider und Schuhe lassen gleich auf ihren Beruf schließen. Ihr Arbeitsplatz ist wie für Millionen anderer Frauen die Straße. Viele von ihnen verkaufen ihren Körper, als letzten Ausweg, um das nackte Überleben für sich und ihre Kinder zu sichern. Staatliches Kindergeld oder andere Beihilfen gibt es nicht. Die meisten haben keinen Schulabschluss, der ihnen eine Anstellung ermöglichen würde, und die Schlange der Hilfskräfte, die sich um eine befristete Tätigkeit anstellen, ist meilenlang.

Mit zittriger Stimme berichtet Aparecida weiter: „Von Todesnot getrieben, flehe ich die Frau an: ‚Bitte, bitte, helfen Sie uns. Mein Mann ist schwer verletzt. Er hat bereits viel Blut verloren. Jede Minute kann sein Ende kommen. Ich brauche zwanzig Reais, damit er behandelt wird.' Die Frau zögert keinen Moment, drückt mir zwei Geldscheine in die Hand und sagt: ‚Du Ärmste. Mehr kann ich dir leider nicht geben, der Abend hat mir nur zwanzig Reais eingebracht. Schau, dass dein Gatte bald wieder auf die Beine kommt.' ‚Danke, Gottes Segen, haben Sie vielen Dank', stammle ich, und die Frau verschwindet in einer dunklen Gasse. Ich habe sie nie zuvor gesehen und weiß weder, woher sie kommt, noch, wo sie wohnt. Aber eines weiß ich mit Sicherheit: Sie ist ein herzensguter Mensch."

Nickend stimme ich Aparecida zu und erinnere mich an die Worte Jesu, als er im Haus des Pharisäers Simon weilte. Der Gastgeber hat kein Verständnis, dass sich Jesus von einer Frau mit schlechtem Ruf die Füße salben lässt. „Ihr sind ihre vielen Sünden vergeben, weil sie so viel Liebe gezeigt hat" (Lk 7,47), entgegnet der Herr. Die Frau stimmt mir zu, wischt sich noch einmal die Tränen aus den Augen und wiederholt nachdenklich: „… weil sie so viel Liebe gezeigt hat."

Eine Woche nach meinem Gespräch mit Aparecida wurde Pedro aus dem Krankenhaus entlassen. Großherzige Leute aus den kirchlichen Basisgemeinden von São Félix halfen der Familie, die Behandlungskosten zu bezahlen. Nach einiger Zeit kehrten die drei nach Hause zurück. Zwei Frauen haben Pedro das Leben gerettet. Seine Gattin Aparecida und die Unbekannte, die, wie vom Himmel gesandt, damals vor dem Spital aus der Dunkelheit auftauchte.

Heute, knapp zwei Jahrzehnte nach dieser schrecklichen Nacht, wären Aparecida und Pedro nicht mehr auf die Hilfe einer barmherzigen Samariterin angewiesen. Auch wenn sich das öffentliche Gesundheitswesen in letzter Zeit verbessert hat, ist Amazonien noch immer Stiefkind im System, vor allem, wenn es um die Zuteilung von finanziellen Mitteln für den Betrieb der Krankenhäuser in den Gemeinden geht. Bei lebensbedrohlichen Notfällen ist es nicht unbedingt ratsam, ein öffentliches Spital aufzusuchen. Valdete, einem Angestellten der Prälatur, wäre das vor einigen Monaten fast zum Verhängnis geworden. An einem Samstag wurde er mit akuter Blinddarmentzündung ins öffentliche Spital eingeliefert. Infusionen sollten seine Schmerzen bis zur Operation am Montag lindern. Ein Chirurg stand das Wochenende über nicht in Bereitschaft. Angesichts der schlechten Bezahlung kann den Ärzten dafür kein Vorwurf gemacht werden. Zeitausgleich oder Sonderzahlungen für Dienste während der Nacht oder an Wochenenden sind in den Budgets nicht vorgesehen.

Cleide, Valdetes Frau, erkannte den Ernst der Lage, setzte alle Hebel in Bewegung und musste schriftlich jegliche Verantwortung für den Patienten bestätigen, bevor ihr Mann in eine Privatklinik verlegt wurde. Unverzüglich erfolgte hier die Operation. Die Behandlung und die Medikamente musste die Familie aus eigener Tasche zahlen. Im städtischen Krankenhaus hätte die öffentliche Hand die Kosten der für Montag in Aussicht gestellten Operation und Nachversorgung getragen. Vermutlich hätte Valdete diesen Tag aber nicht mehr erlebt. Estéfani und Carine wären heute ohne Vater, Cleide ohne den Gatten an ihrer Seite.

Obwohl die Verfassung allen Brasilianern eine angemessene medizinische Betreuung garantiert, fallen viele durch das grobmaschige Netz des Sozialwesens. In kleinen Dörfern und entlegenen Siedlungen gibt es keine Gesundheitsposten, geschweige denn einen Arzt.

Das Leidensantlitz Christi, das uns fragend und herausfordernd anblickt, erkennen wir auch in den schmerzverzerrten Gesichtern der Kranken (vgl. DP 31–39). Sie brauchen unseren Beistand, wenn andere auf sie vergessen oder sie im Stich lassen. Im so genannten Refugio, einem Haus der Prälatur in Altamira, finden Kranke vom Land vorübergehende Aufnahme, wenn sie zur ambulanten Behandlung in die Stadt kommen. Sie haben keine Angehörigen oder Freunde, die ihnen Unterschlupf bieten könnten.

An die tausend Frauen und Männer, Jugendliche und Kinder suchen jährlich das Refugio auf. Vor allem die Älteren und Gebrechlichen unter den Hilfesuchenden sind dankbar, dass sie hier mehr als nur ein Dach über dem Kopf bekommen. Unsere Sozialarbeiterinnen organisieren ihren Transport, begleiten sie zu den Ärzten und kümmern sich um die ihnen zustehende Behandlung. Hin und wieder müssen sie wortgewaltig auf die staatliche Verpflichtung hinweisen, wenn ein Patient nicht angemessen versorgt wird. Und fehlt zu guter Letzt das Geld für Medikamente, tun wir unser Möglichstes, um zu helfen. Aber was geschieht mit jenen, die den Weg nach Altamira nicht schaffen? Manche leiden jahrelang an den Folgen einer nie behandelten Erkrankung, andere bleiben bis an ihr Ende körperlich gezeichnet und eingeschränkt. Viele scheiden frühzeitig aus dem Leben.

Als Kirche am Xingu haben wir „eine Option für das Leben getroffen. Diese Option öffnet uns die Augen für die äußersten Ränder des Daseins, für die Geburt und den Tod, für die Kinder und die Betagten, für die Gesunden und die Kranken. (…) Christus sandte seine Apostel, um das Reich Gottes zu verkündigen und die Kranken zu heilen. Das sind die wahren Kathedralen für die Begegnung mit Jesus, dem Herrn“ (DA 417).

„Mit meinem Gott überspringe ich Mauern …" (Ps 18,30)

Eine beeindruckende Landschaft. Tausendjähriger Urwald. Der Wald, wie Gott ihn schuf. Wunderbar, ergreifend. Endlos und undurchdringlich scheint das dunkle Grün. Vor uns ragt hoch ein Jatobábaum auf, und weiter vorne eine stark verästelte Tamburi mit dickem Stamm. Neben diesen Baumriesen eine bescheidene Bacabapalme, dahinter der König des Waldes, ein majestätischer Paranussbaum. Eine Straße durchschneidet den Urwald. Sie ist neu, der tropische Regen hat noch keine Rinnen ausgehöhlt. Sanft steigt sie den Hang hinan und öffnet sich dann in leichten Kurven steil in die Tiefen eines dunklen Tals.

Ein Schwarm Arara in prächtigem blaurotem Gefieder begrüßt uns aus der Jatobábaumkrone mit zeterndem Geschrei und wildem Flügelschlag. Ist es wirklich ein Gruß? Oder ist das Gekreisch der Vögel Ausdruck ihres Zornes über die Menschen, die in ihre grüne Welt eindringen? Sie misstrauen den Menschen. Menschen verwüsten! Menschen zerstören! Menschen legen Brände! Menschen machen alles dem Erdboden gleich! Menschen töten! Die Arara verfluchen diese niederträchtigen Menschen: „Verschwindet, gewissenlose Mörder!" „Verschwindet, skrupellose Verschwender!" „Verschwindet, unersättliche Ausbeuter!" Die Bäume fallen, der Urwald stirbt, wird zur Steppe!

Das Knattern und Dröhnen der Motorsägen kündigt ein düsteres Ende des Paradieses an, wie eine aufheulende Sirene, die vor einer Katastrophe warnt. Rette sich, wer kann! Fliegt weg! Sucht das Weite! Flüchtet! Wo werden die Arara ihre Nester bauen, wo finden sie Futter für ihre Jungen? Auf kahlen Hügeln oder eingeäscherten Feldern? Arme Arara! Tausende ihrer Artgenossen sind bereits verschwunden! Der Vogelschwarm oben im Jatobábaum lebt noch. Mit klagendem Gekreisch entfliehen sie in eine ferne, dicht belaubte Baumkrone. Wie lange wird es noch dicht belaubte Baumkronen geben? Wie lange noch Arara?

Auf der Anhöhe steht im Schatten der großen Bäume, zart umspielt von einigen Sonnenstrahlen, ein weißes Kreuz, umgeben von einem kleinen Beet mit einigen Setzlingen. Die Blumen würden jetzt, in der Regenzeit, schnell wachsen und das Beet bald in einen prachtvollen Garten verwandeln, meint Eliza, die hier vor kurzem die Pflanzen ins Erdreich gesetzt hat.

Auf dem Querbalken des weißen Kreuzes ist die Inschrift „Dorothy Mae Stang“ zu lesen und auf dem Längsbalken über dem Namen ein Sternchen mit dem Datum 07/06/31, darunter ein kleines Kreuz und wieder ein Datum: 12/02/05. Hier also geschah das grausame Verbrechen! Mich schaudert. An dieser Stelle wurde Schwester Dorothy ermordet. Ergriffen betrachte ich das schlichte weiße Kreuz. Die grüne Welt um mich herum ist in Schweigen versunken. Das Schweigen der Bäume ist so geheimnisvoll. Fest sind sie im Boden verankert, in den sie ihre Wurzeln geschlagen haben. Dann und wann wiegt sie der Wind, lässt ihre Kronen schwingen, die Äste ächzen, Zweige und Blätter rauschen. Das Schweigen der Bäume ist aber nicht stumm. Bäume sprechen zum Herzen, berühren die Seele, umfangen unser Sein. Hier ganz besonders! Ich lasse mich von diesem Schweigen anstecken, mit dem Gefühl, auf heiligem Boden zu stehen. Ja, heilige, geweihte Erde! Erde, die vom Blut einer unschuldigen Schwester gefärbt ist, Erde, die das Blut dieser Schwester trank, die ihr Leben hingab, „bis zur Vollendung“ (Joh 13,1). Von dieser Erde dringt der Schrei des Blutes nach Gerechtigkeit zu Gott (vgl. Gen 4,10). Es ist kein Racheschwur, sondern ein Schrei nach barmherziger Gerechtigkeit, die sich den Armen, den Ausgegrenzten zuwendet, jenen, die keine Stimme haben.

Der Jatobábaum, die Tamburi, die Bacabapalme, der Paranussbaum, aber auch alle kleinen Bäume, die Sträucher und Schlingpflanzen, alle waren sie an jenem verhängnisvollen Samstag stumme Zeugen des grausamen Mordes an der Schwester. Die Schüsse hallten in endlosem Echo in den Tiefen des Urwalds wider, während die Kugeln todbringend den Leib der Schwester durchbohrten. Mit einem Mal vollkommene Stille. Diese Stille ist jedoch keine friedliche Ruhe. Es ist Totenstille inmitten des Urwaldes. Stille, die Menschen anklagt. Aus den Tiefen Amazoniens fleht vergossenes Blut einmal mehr zu Gott. Wie lange noch, mein Gott! Erbarme dich unser! Erbarme dich unser! Gib uns Frieden!

Am Straßenrand, wenige Meter vom Kreuz entfernt, steht ein Tisch, bedeckt mit einem bestickten Tuch, darauf zwei Leuchter mit weißen Kerzen. Den Tisch hat Vicente hergestellt, der ganz in der Nähe wohnt. Ich begebe mich zu seinem Haus, das Dorothys letzte Herberge war. Bescheiden, dürftig, kümmerlich. Ärmlich wie der Stall von Betlehem, wie die Armut des „Menschensohns", der „keinen Ort hat, wo er sein Haupt hinlegen kann" (Mt 8,20). Die einsame Not im Garten von Getsemani, die Verlassenheit am Kalvarienberg. Angeblich hegten die Mörder ursprünglich den Plan, die Schwester in der Nacht zu töten.

Sie schleichen um das Haus, spähen durch die Ritzen zwischen Lehm und Holz, weichen aber zurück, als sie das Weinen eines Kindes und schlürfende Schritte aus dem Raum vernehmen. Die Nacht verstreicht. Wieder vertreibt die Sonne die Dunkelheit. Die zarte Morgenröte taucht die Welt in Farben. Die feuchte Kälte des Waldes schwindet, der Morgennebel löst sich auf. Schwester Dorothy verlässt die armselige Hütte. Cícero sieht sie alleine des Weges gehen und folgt ihr. Plötzlich tauchen auf der Anhöhe zwei Männer auf. Es sind Eduardo und Fogoió, wie sie gerufen werden. Beide arbeiten für den Großgrundbesitzer Tato. Die Schwester grüßt sie. In einem kurzen Wortwechsel sagt Dorothy, sie wisse sehr wohl, dass die zwei im Grunde nur „Auftragsgehilfen" der Großgrundbesitzer seien.

„Sind Sie bewaffnet?", fragt Eduardo. „Ich? Bewaffnet?", fragt Dorothy verblüfft. Sie holt ihre Bibel aus der Tasche und zeigt sie den beiden hin: „Das ist meine Waffe! Hört, was im Evangelium geschrieben steht: ‚Selig, die arm sind vor Gott; denn ihnen gehört das Himmelreich. Selig die Sanftmütigen; denn sie werden das Land erben. Selig, die hungern und dürsten nach der Gerechtigkeit; denn sie werden satt werden‘ (Mt 5,3.4.6).“ Das sind ihre letzten Worte. „Schluss mit dem Geschwätz!“ Fogoió zieht seine Waffe und feuert auf die Schwester. Drei Schüsse. Dorothy fällt zu Boden. Zwei weitere Kugeln treffen sie. Das letzte Bild vor ihren Augen: zwei Männer, einer davon mit der Waffe in der Hand, der Jatobábaum, die Tamburi, die Bacabapalme, der Paranussbaum, der grüne Urwald, die lehmige Straße. Die Welt wird finster für Dorothy. Ihr Herz hört auf zu schlagen. Das Licht ihrer Augen erlischt. Dorothy ist tot. Es ist halb acht Uhr, Samstag, 12. Februar 2005, als sie mit Jesus vom Kreuz ruft: „Es ist vollbracht“ (Joh 19,30).

Obwohl die Ermordung unserer Schwester seit längerer Zeit in Altamira, Anapu und darüber hinaus angekündigt war, glaubten wir nicht an dieses Ende ihres Lebens, ausgelöscht vor der Zeit, durch diabolisches Handeln von kaltblütigen Menschen. Aber das Unfassbare war geschehen.

Selbstlos und großherzig, bescheiden und demütig, unermüdlich und geduldig teilte sie Entbehrung und Armut, Sorgen und Schmerz, Hoffnung und Zuversicht mit den Siedlern an der Transamazônica. Ohne Einschränkung und Vorbehalte folgte sie dem Beispiel Jesu bis zum Ende. „Es gibt keine größere Liebe, als wenn einer sein Leben für seine Freunde hingibt“ (Joh 15,13). Sie hat ihr Blut vergossen, als höchsten Beweis ihrer Liebe.

Alles ist bereit für die Eucharistiefeier. Luís heißt die Anwesenden willkommen. Vor einiger Zeit kam er aus dem Bundesstaat Maranhão und hat sich mit seiner Frau Francisca das Chagas und seinen sieben Kindern hier in der Nähe niedergelassen. Auch er ist eines der Opfer des Großgrundbesitzers, wie er mir vor kurzem erzählte. Tato hat ihn wochenlang verfolgt und bedroht. Seine Handlanger, Fogoió und Eduardo, machten der Familie das Leben zur Hölle. Es war ein fortwährender Albtraum. Schlaflose Nächte, Tage in Angst und Schrecken. Aber als Tato mit der Waffe in der Hand die Ermordung der ganzen Familie beschwor, „erhob Gott einen Wall zwischen ihm und uns", sagte der sichtlich bewegte Luís. „Ich spürte die Hand Gottes. Gott ist immer stärker!"

Antônia stimmt das Eingangslied an. Wir machen das Kreuzzeichen und bitten um Vergebung. Ich spreche das Tagesgebet. Die erste Lesung aus dem Buch Genesis (Gen 49,2.8–10) kündet uns von Gottes gerechtem Wirken: „Nie weicht von Juda das Zepter (...), bis der kommt, dem der Gehorsam der Völker gebührt". Anschließend eröffnet Luís den Psalmengesang. Aus seinem Munde klingt der Psalm aktuell, konkret, greifbar. „Die Gerechtigkeit blühe auf in seinen Tagen und Friede in Fülle für immer" (Ps [71]72). Es ist die Zusage Gottes an Luís und seine Lieben, an alle Familien an diesem abgelegenen Ort Esperança, was übersetzt Hoffnung bedeutet.

Als Evangelium habe ich die Seligpreisungen ausgewählt. Hier an diesem Ort kann ich nur die Worte aus der Schrift verkünden, mit denen Dorothy aus dieser Welt schied und die ihr Leben in besonderer Weise prägten.

Selig die Armen, die Trauernden, die Gewaltlosen, die Barmherzigen, die Verfolgten, denen das Himmelreich verheißen ist (vgl. Mt 5,3–12).

Maria ist die Erste, die in den Evangelien „selig" genannt wird. Elisabeth begrüßt Maria in ihrem Haus in den Bergen von Judäa mit den Worten: „Selig ist die, die geglaubt hat, dass sich erfüllt, was der Herr ihr sagen ließ" (Lk 1,45).

Maria glaubt an den Herrn und seine Verheißungen. Sie gehört zu den *anawim*, ist eine vom Rest von Israel, „ein demütiges und armes Volk, das seine Zuflucht sucht beim Namen des Herrn" (Zef 3,12). Sie vertraut dem Herrn, der „sein Volk getröstet hat und sich seiner Armen erbarmt" (Jes 49,13). Sie lässt sich voll und ganz auf Gott ein, gibt ihm die wundervolle Antwort: „Ich bin die

Magd des Herrn; mir geschehe, wie du es gesagt hast" (Lk 1,38), und das Wort wohnt unter uns, wird Gott-mit-uns.

Als das Volk Israel den langen Weg durch die Wüste zieht, sind die Wolke, die Feuersäule, das Zelt Zeichen der Anwesenheit Gottes (vgl. Ex 13,21–22). Eine Wolke verhüllt das Zelt, und die Herrlichkeit des Herrn erfüllt das Heiligtum (vgl. Ex 40,34–35). „Als aber die Zeit erfüllt war, sandte Gott seinen Sohn, geboren von einer Frau" (Gal 4,4). Das von Menschenhand geschaffene Zelt fällt zusammen, die Wolke entschwebt, die Feuersäule verglüht, das Symbol wird Realität.

Gott spricht nicht länger durch Zeichen und Propheten (vgl. Hebr 1,1), sondern wird konkrete Gegenwart, fassbar, sichtbar, Fleisch und Blut. Gott wird „wie ein Sklave und den Menschen gleich" (Phil 2,7). Im Schoß der Jungfrau von Nazaret beginnt das Herz Gottes zu schlagen, und durch Marias Ja kommt Gott in die Welt.

Auch Dorothy Stang hat Ja gesagt, als sie den Ruf Gottes hörte.

„Selig, die arm sind vor Gott" (Mt 5,3a).

Schwester Dorothy wird 1931 in den Vereinigten Staaten von Amerika geboren und tritt mit nur 17 Jahren in die Gemeinschaft der Schwestern Unserer Lieben Frau von Namur ein. Wie die Ordensgründerin, die heilige Julie Billiart, will sie den Armen und Ausgeschlossenen dienen und fühlt sich berufen, über die Grenzen ihres Landes hinauszugehen. Sie verzichtet auf Annehmlichkeiten, verlässt die vertraute Heimat, Familie und Freunde und bricht nach Brasilien, in den Staat Maranhão auf. Von dort kommt sie 1982 an den Xingu, mit dem Wunsch, den harten Alltag mit den Benachteiligten an der Transamazônica zu teilen. Sie ist empört und aufgebracht, dass Menschen ihrer Würde und Rechte beraubt werden, nur weil sie arm sind. In unendlicher Solidarität und grenzenloser geschwisterlicher Liebe schlägt sie ihr Zelt inmitten der Armen auf, lebt wie sie, wird eine von ihnen und gewinnt auf diese Weise ihr Vertrauen.

Auf staubigen Nebenstraßen und holprigen Wegen ist sie viel unterwegs, oft zu Fuß, um auch ganz entlegene Siedlungen aufzusuchen. Sie betet mit den einfachen Leuten, meditiert Bibeltexte, organisiert Versammlungen und ermutigt die Frauen und Männer zum Einsatz für ihre Rechte. Entschlossen wendet sie sich an die Behörden in Belém und Brasília, prangert die Missstände an und unterbreitet die Forderungen der Bevölkerung an der Transamazônica. Ungeachtet jeder Kritik und Anfeindung kämpft sie gegen die Ungerechtigkeit und Ausgrenzung der kleinbäuerlichen Siedler und die Ausbeutung und Zerstörung der Mit-Welt an.

Keine Hürde, die sich ihr in den Weg stellte, war ihr zu schwer. Und sprach man sie auf die Gefahren an, selbst auf das Risiko, ihren Einsatz mit dem Leben zu bezahlen, winkte sie lächelnd ab. Sie glaubte nicht daran. Auch wir konnten die Grausamkeit nicht fassen, eine wehrlose 73-jährige Frau, allein im Wald unterwegs, zu erschießen.

Dorothy war keine Revolutionärin, wie Gegner ihr vorwarfen. Radikal und bedingungslos hingegen waren ihr Dienst an den Armen und ihre Hingabe für das Reich Gottes. In Treue dem Beispiel Jesu folgend, verteidigte sie voll Überzeugung die Gewaltlosigkeit, blieb dabei aber nie untätig. Im Gegenteil. Stets war sie aktiv, beständig, von einer beeindruckenden Beharrlichkeit. Die Mystik, die sie inspirierte, die Kraft, die sie anspornte, war das Evangelium unseres Herrn, der selbst den Armen, den Hungernden, den Weinenden, den Verhassten, Vertriebenen und Verleumdeten begegnet. Der Herr hat Schwester Dorothy gerufen, und er ruft weiterhin Frauen und Männer, die sein Wort verkünden, in seinem Namen Hand anlegen, seinen Auftrag erfüllen. Die Seligpreisungen sind die Umsetzung des Programms Jesu, das er in der Synagoge in Nazaret ankündigte: „Der Geist des Herrn ruht auf mir; denn der Herr hat mich gesalbt. Er hat mich gesandt, den Armen eine gute Nachricht zu bringen" (Lk 4,18).

Diese Botschaft ist durch Dorothy lebendig geworden, in den armseligen Hütten der Siedler, in den Schuppen der Kleinbauern, in den vornehmen Büros der Politiker, in den Amtszimmern der Behörden, bei Versammlungen der landwirtschaftlichen Genossenschaft, bei Gesprächen mit Abgeordneten und Senatoren, bei der Begegnung mit Freunden und Feinden. Ihren Glauben bezeugte sie bis in den Tod. Ihr Vertrauen konnte nichts erschüttern. „Ich glaube ganz fest an Gott und weiß, dass er bei mir ist!" Und mit dieser Gewissheit sagte sie wenige Tage vor ihrem Tod in einem Interview: „Man will mich töten, aber ich werde nicht flüchten. Mein Platz ist hier, an der Seite dieser Menschen, die ständig von jenen gedemütigt werden, die sich für mächtig halten!"

Ihren Glauben an den Herrn hat sie in die Liebe zu den Kleinen verwandelt, in eine Liebe ohne Maß und Grenzen. Wer glaubt, hat keine Angst, auch nicht vor seinen Mördern. Wer glaubt, weiß sich in Gottes Händen: Keiner von uns lebt sich selber und keiner stirbt sich selber. Leben wir, so leben wir dem Herrn, sterben wir, so sterben wir dem Herrn. Ob wir leben oder ob wir sterben, wir gehören dem Herrn" (Röm 14,7–8).

„Selig, die arm sind vor Gott; denn ihnen gehört das Himmelreich" (Mt 5,3).

„Mein Reich ist nicht von dieser Welt" (Joh 18,36), sagte Jesus zu Pilatus, als dieser ihn zum Tode verurteilte. Um „die Geheimnisse des Himmelreiches zu erkennen" (Mt 13,11), erzählt der Herr die Gleichnisse vom Sämann, vom Unkraut unter dem Weizen, vom Senfkorn, vom Sauerteig, vom vergrabenen Schatz im Acker, vom Fischnetz, wie uns Matthäus im dreizehnten Kapitel seines Evangeliums überliefert.

Jesus, durch den Gottes Heil auf Erden anbricht, ruft seine Jünger zur Nachfolge, und diese lassen alles liegen und folgen ihm (vgl. Mt 4,18–22). Sie sind Jesus ganz nahe, hören seine Botschaft und erleben, wie Kranke gesund und Hungrige satt werden, wie Trauernde Trost und Ausgegrenzte Respekt finden. Sie sind Zeugen vom Heilswirken Gottes. Wer dem Beispiel Jesu nacheifert, Gott über alles liebt, weiß, dass am Ende das „ewige und alles umfassende" Reich siegt, „das Reich der Wahrheit und des Lebens, das Reich der Heiligkeit und der Gnade, das Reich der Gerechtigkeit, der Liebe und des Friedens", wie wir in der Präfation am Christkönigsfest singen.

„Selig, die keine Gewalt anwenden" (Mt 5,5a).

Was bedeutet dieser Aufruf für Amazonien, angesichts ständiger struktureller Gewalt und so viel vergossenen Blutes? „Selig die Sanftmütigen" hieß bis vor Kurzem die Übersetzung dieses Verses. Demut ist die Schwester der Armut. Sie wurzelt in einer bedingungslosen Liebe zur Wahrheit. Demut kennt keine Eitelkeit, sie ist weder aufdringlich noch überheblich oder stolz. Armut vor Gott und Demut schaffen Sanftmut und Gewaltlosigkeit, jene Tugend, die niemals mit unlauteren Mitteln ein Ziel verfolgt. Wer Dorothy kannte, erinnert sich an ihre sanfte Stimme, wenngleich Sanftmut nichts mit der Klangfarbe der Stimme zu tun hat. Sanftmut ist die beharrliche Erfüllung eines Auftrages ohne jegliche Gewalt. Sanftmut ist Treue zu Moral und Gesetz. Sanftmut verabscheut Machenschaften, missbilligt Intrigen und beugt keine Gesetze und Normen zum eigenen Vorteil. Sanftmut hält trotz Fehlschlägen und Niederlagen am Ziel fest. Wird ein Tor zugeschlagen, bittet die Sanftmut um Einlass bei einer anderen Tür oder sucht ein offenes Fenster, wenn auch diese versperrt bleibt. Sanftmut nimmt Leiden und Qualen auf sich und ist überzeugt, dass letztlich die Liebe triumphiert.

Die strukturelle Gewalt in Amazonien fordert unser Handeln, wenn nicht nur Einzelne ausgebeutet, bedroht, misshandelt und vergewaltigt werden, sondern ganze Gruppen in der Stadt und auf dem Land Ziel von Angriffen und Opfer von Ungerechtigkeit, Missachtung, Vertreibung oder Ermordung sind. Indigene Völker, Afrobrasilianer, Straßenkinder, Bauern ohne Land und Obdachlose werden aufgrund ihrer Ethnie, ihres Geschlechts, ihrer Herkunft durch ungerechte Verteilung von Land und Einkommen diskriminiert. Unsere Antwort auf diese Realität ist Gewaltlosigkeit, der neue Name für Sanftmut, der dem Einsatz eine aktivere, dynamischere Dimension verleiht. Der Gewalt und den todbringenden Waffen begegnen wir mit dem Feuer, das Gottes Wort in uns entfacht.

„Selig, die keine Gewalt anwenden; denn sie werden das Land erben" (Mt 5,5).

Das verheißene „schöne, weite Land, das Land, in dem Milch und Honig fließen" (Ex 3,8) ist gleichbedeutend mit dem Reich Gottes. Es ist kein fernes, unerreichbares, utopisches, erträumtes Land. Das Reich Gottes ist konkret und hat Auswirkungen auf die Gesellschaft, auf die Welt von heute und immer. Das Reich Gottes beginnt hier und jetzt und führt uns ins himmlische Jerusalem, wenn Gott alle Tränen von unseren Augen abwischt, und „der Tod wird nicht mehr sein, keine Trauer, keine Klage, keine Mühsal. Denn was früher war, ist vergangen" (Offb 21,4). Im Reich Gottes gibt es keine von Grund und Boden Vertriebenen, keine vom Festmahl des Lebens Ausgeschlossenen, keine ihrer Heimat Beraubten, keine vom Neoliberalismus Erdrückten.

„Ich habe nicht einmal so viel Land, dass ich darauf tot umfallen könnte." „Mir gehört bloß das Schwarze unter meinen Fingernägeln." „Was ich besitze, sind sieben Handbreit unter dem Boden, wenn ich tot bin." Diese brasilianischen Redewendungen zeugen nicht vom Reich Gottes, sondern sind Ausdruck des harten Alltags vieler Frauen, Männer und Kinder. Aber auch sie haben das Recht auf ein würdiges Leben. Um ihre bescheidenen Ansprüche zu decken, wollen sie auf einem Stück Land Maniok, Bohnen, Reis und Mais pflanzen.

Diese Produktion im Familienverband kann mit dem Gewinn in den Bilanzen der Großgrundbesitzer nicht mithalten. Ein besseres Geschäft sind Massentierhaltung und Monokulturen, obwohl das Erdreich in Amazonien für diese übermäßige

Bewirtschaftung völlig ungeeignet ist. Innerhalb von sieben bis acht Jahren sind die Böden so ausgelaugt, dass der Aufwand für Kunstdünger die Erträge zunichtemacht. Eine weitere Nutzung ist nicht mehr lohnend. Tausende Hektar zerstörtes Land liegen in der Folge brach, während Großgrundbesitzer und Landspekulanten dem Regenwald einen weiteren Kahlschlag zusetzen und sich zudem ertragreiche Felder der Kleinbauern aneignen. Für deren zermürbende Einschüchterung und gewaltsame Vertreibung sorgen Privatmilizen oder Pistoleiros, die sich als Handlanger die Finger schmutzig machen, damit ihre Auftraggeber möglichst unbehelligt bleiben. Denn in Amazonien herrscht weitgehend Straffreiheit, weil die Justiz Sand in den Augen hat, wenn die Armen Gerechtigkeit und die Bestrafung ihrer Verfolger, Peiniger und Mörder fordern.

Das Reich Gottes ist geschwisterliches Miteinander und liebende Solidarität. Das Reich Gottes ist wie das Herz einer Mutter, das allen Kindern Zärtlichkeit schenkt. Das Reich Gottes ist „Oikos", ist Heim, wie das griechische Wort übersetzt heißt, für alle Menschen. Viele Schwestern und Brüder mussten vor ihrer Zeit sterben, weil sie dieses Heim verteidigt haben.

Für die Kirche am Xingu ist die dritte Seligpreisung untrennbar mit den Märtyrern der Erde verbunden, mit Dorothy Stang, mit Bartolomeu Moraes da Silva, mit Ademir Alfeu Federicci. Sie und mehr als 800 Männer und Frauen wurden in den letzten drei Jahrzehnten im Zusammenhang mit Landkonflikten und der Zerstörung des tropischen Waldes in Pará ermordet. Kein einziger Auftraggeber dieser Verbrechen sitzt im Gefängnis.

Schwester Dorothys Leben wurde am 12. Februar 2005 ausgelöscht, Bartolomeu Moraes da Silva starb am 21. Juli 2002, und Schüsse brachten Ademir Alfeu Federicci am 25. August 2001 endgültig zum Schweigen.

Ein anonymer Anrufer teilt der Polizei am Morgen des 22. Juli 2002 mit, man solle im Dickicht an der Straße Cuiabá–Santarém, im Grenzgebiet zum Bundesstaat Mato Grosso, eine Suche einleiten. Wenig später wird dort die Leiche des 47-jährigen Bartolomeu Moraes da Silva gefunden.

Freunde und Kollegen nannten ihn Brasília. Den Großgrundbesitzern, Landspekulanten und Holzunternehmern war er ein unliebsamer Zeitgenosse, weil er ihr gewaltsames Vorgehen gegen die Kleinbauern der Region und ihre illegalen Besitzaneignungen aufdeckte. Von ihren wiederholten Morddrohungen ließ er sich nicht einschüchtern. Mehrmals führte er in Belém und Brasília Verhandlungen mit den zuständigen Stellen und forderte Maßnahmen zur Beendigung der Konflikte in einer Region, die brasilienweit als „gesetzloses Land“ verschrien ist.

„In Brasilien gibt es keine Todesstrafe, wohl aber hier“, sagt die Bevölkerung. Dabei sollte man in Castelo dos Sonhos, übersetzt Schloss der Träume, anderes vermuten.

In drei Dossiers dokumentierte er Angriffe auf Bauernfamilien, Korruption bei der Landnahme sowie Versäumnisse der Behörden und übermittelte sie an die Regierung von Pará und die Sekretariate für Öffentliche Sicherheit und Verteidigung. An einem weiteren Bericht hat er gearbeitet. Dazu sammelte er Belege für polizeiliche Willkür und Unregelmäßigkeiten.

Ein Gerichtsspruch bestätigt im April 2002 den Besitz eines Großgrundbesitzers, der daraufhin Anfang Juni seine Pistoleiros mit der Vertreibung der Familien von dem ihm zuerkannten Gebiet beauftragt. Den Bauern gelingt es, sechs Pistoleiros zu überwältigen und sie der Polizei zu übergeben. Vierzehn Stunden danach sind die Verbrecher wieder auf freiem Fuß, mitsamt ihren Waffen: drei Maschinenpistolen, fünf großkalibrige Gewehre und zwei Revolver. Bis heute ist unerklärlich, warum zwei der Pistoleiros kugelsichere Westen aus dem Bestand der Zivilpolizei trugen.

Völlig grundlos verhaftet die Militärpolizei einige Tage danach 19 Landarbeiter und hält sie 35 Tage lang fest. Es gibt weder einen Haftbefehl, noch darf ein Anwalt Einsicht in die Akten nehmen.

Um die Verbreitung dieser Informationen zu verhindern, muss man Brasília endgültig aus der Welt schaffen. Mit einem Anruf lockt man ihn zu einem Hotel. Danach verliert sich seine Spur, bis er anderntags entdeckt wird, von zwölf Kugeln durchbohrt, übersät mit Folterverletzungen, Würgemalen und gebrochenen Beinen, wie die Obduktion ergibt.

Die polizeilichen Untersuchungen sind einseitig und oberflächlich, sodass sich Maria de Fátima selbst auf die Suche nach den Mördern ihres Bruders macht, um sie auf die Anklagebank zu bringen. Drohungen gegen sie bleiben nicht aus, und Maria de Fátima versteht die Welt nicht mehr: „Sie morden und ich muss mich vor ihnen verstecken, obwohl sie die Schuldigen sind."

Es kommt zur Festnahme jener zwei Brüder, vor deren Hotel Brasília zum letzten Mal gesehen wurde. Während Juvenal Oliveira bestätigt, 10.000 Reais für die Tat erhalten zu haben, reichen die Beweise gegen Francisco Antonio de Oliveira als Haftgrund nicht aus. Im August 2002 erfolgt die Verhaftung von Márcio Antônio Sartor, dem angeblichen Todesschützen, und im September darauf die von Alexandre Manoel Trevisan, dem beschuldigten Auftraggeber. Würde die Gerechtigkeit diesmal über die Straffreiheit siegen? Diese Hoffnung währt nicht allzu lange. Vier Tage vor Weihnachten 2006 feiern ausgewählte Gäste auf dem Anwesen Vaca Branca mit Fleisch am Spieß und Bier vom Fass ein Gerichtsurteil zugunsten des mächtigen Großgrundbesitzers Trevisan. Und auch Juvenal Oliveira und Márcio Antônio Sartor werden an diesem Tag auf den Straßen von Castelo dos Sonhos gesehen. Ihre Anwälte haben bis zum Verfahren, für das noch kein Termin feststeht, ihre Freiheit erwirkt.

Am 28. Dezember 2007 wird Juvenal Oliveira tot aufgefunden. Erstochen. Vermutlich wusste er zu viel über seine bisherigen Auftraggeber. Wie er haben in den letzten zwei Jahren mehrere Pistoleiros einen unerklärlichen Tod gefunden, andere suchten das Weite, als bekannt wurde, dass einige Großgrundbesitzer neue Auftragskiller auf ihre Gehaltslisten setzten. Auf einer anderen Liste, einer Todesliste, steht inzwischen neben Dutzenden anderen Name und Foto von Maria de Fátima.

„Ich muss jederzeit mit dem Tod rechnen. Wenn ich die Tür öffne, könnte ich erschossen werden. Nirgends fühle ich mich sicher, weder im Haus noch an einem anderen Ort. Ich bin allein. Ich kann nicht zulassen, dass Freunde an meiner Seite mit mir sterben müssen. Jede Nacht träume ich vom Tod. Wenn sie mich erwischen, werden sie mich misshandeln. Ich werde keinen Laut von mir geben, auch nicht um mein Leben betteln. Stehst du auf einer Todesliste, bist du mit einem Fuß bereits im Grab", sagt Maria de Fátima, deren ständige Begleiterin die Angst ist.

Angst und Sorge um seine Familie hatte auch Dema Ademir Alfeu Federicci, als er nach langem Zögern beschloss, von Medicilândia, wo er seit 1975 wohnte, nach Altamira zu übersiedeln. Seine Feinde spüren ihn dennoch auf. Morgens, um 2:30 Uhr, dringen sie in sein Haus ein und zerren den schlafenden Dema aus dem Bett. Ein gezielter Schuss durchdringt die Stille der Nacht und löscht ein Leben aus. „Maria, kümmere dich um unsere Kinder." Es sind Demas letzte Worte.

In diesem verhängnisvollen Augenblick werden Miriam Aparecida, Kátia Letícia, Cleder Fidel und Wagner Rodrigo zu Halbwaisen und Maria da Penha zur Witwe. „Warum haben sie mir den Mann, warum haben sie uns den Vater genommen?", fragt die Familie bis heute. Der Grund dieses abscheulichen Verbrechens ist mit wenigen Worten gesagt: unstillbare Gier, skrupelloses Machtstreben, Verachtung anderer Mitmenschen und Geringschätzung der Schöpfung.

Dema war maßgeblich an der Ausarbeitung des Dokuments „SOS Xingu: Ein Aufruf an die Vernunft" beteiligt, das vor den irreversiblen Schäden der Umwelt durch den Bau von Kraftwerken warnte und die Folgen für die Bevölkerung aufzeigte. „Die Menschen an der Transamazônica können nicht länger warten." Unter diesem Motto organisierte er drei Karawanen und zog an vorderster Front mit Delegierten zum Protest und zu Verhandlungen nach Brasília. Akribisch hat er die Veruntreuung von öffentlichen Geldern der inzwischen aufgelösten staatlichen Entwicklungsbehörde für Amazonien aufgespürt und angezeigt.

Seine Informationen brachten einige Unternehmer und Politiker zu Fall. Besonders am Herzen lag ihm die Bewegung für die Entwicklung an der Transamazônica und am Xingu. Mit ihren nachhaltigen Projekten hat sie den Gegenbeweis zum neoliberalen Wirtschaftsmodell angetreten. Dema, der Prophet im Xingu-Tal, konnte viele Kleinbauern und Siedler von seinen Ideen überzeugen. Dadurch fühlten sich jene, die glauben, nur sie hätten das Sagen und nur ihre Interessen zählten, in die Enge getrieben. Er musste sterben.

Fünf Tage nach dem Verbrechen verhaftet die Polizei Júlio César dos Santos Filho. Er gesteht, den Raubmord mit Daniel begangen zu haben, der danach an einen unbekannten Ort geflüchtet sei. Mit dieser Aussage hat die Polizei ein willkommenes Tatmotiv. „Überfall", schreibt sie ins Protokoll, und damit ist die Strafsache für sie erledigt.

Keinen Augenblick haben wir, Freunde und Mitstreiter von Dema sowie seine Frau, den Mord als Raubdelikt betrachtet. Dagegen sprechen die Beweise, auch wenn es nur wenige gibt. Bei weiteren Befragungen behauptet Júlio César, das Haus sei zufällig ausgewählt worden, man habe das Fernsehgerät stehlen wollen und dabei sei ihnen Dema, den sie zuvor nicht gekannt hätten, in die Quere gekommen. Über den Mittäter Daniel gibt er nichts preis, und so gibt es bis heute keine Einzelheiten über diese Person. Der These vom Raubdelikt widerspricht, dass im Haus kein einziger Gegenstand fehlte und Júlio César, wie mehrere Zeugen bestätigen, einen Tag vor dem Verbrechen das Büro der Bewegung für die Entwicklung an der Transamazônica und am Xingu aufsuchte.

Maria da Penha geht mit ihrem Anwalt jedem Hinweis nach und übermittelt dem Generalstaatsanwalt von Pará im Dezember 2001 eine Petition zur Wiederaufnahme des Verfahrens aufgrund neuer Beweise. Der beschuldigte Täter hat einige Wochen nach der Festnahme sein Geständnis erweitert und eine Bezahlung für den Mord zugegeben.

Kein irdisches Gericht hat in diesem Fall bisher ein Urteil gefällt, und die Ermordung von Dema ist eine weitere Akte, die ins Archiv wandert, mit Straffreiheit für die direkt und indirekt beteiligten Verbrecher.

Mit Unterstützung der sozialen Bewegungen am Xingu schafft es die Stiftung „Leben – Produzieren – Bewahren", dass im September 2007 ein Postwertzeichen zu Ehren von Ademir Federicci erscheint. Durch diese Anerkennung lebt Demas Beispiel nicht nur in unseren Herzen weiter, sondern zieht seine Kreise über den Staat Pará hinaus.

„Selig, die hungern und dürsten nach der Gerechtigkeit; denn sie werden satt werden" (Mt 5,6).

Im Unterschied zu Lukas – „Selig, die ihr jetzt hungert, denn ihr werdet satt werden" (Lk 6,21) – stellt Matthäus in seinem Evangelium den Nahrungsmangel in einen umfassenderen Kontext. Ein Stück Brot oder ein Glas Wasser zu verweigern, ist himmelschreiende Ungerechtigkeit. Die Gerechtigkeit Gottes ist unser Heil, ist unendliche Barmherzigkeit. Sie bricht ein in diese Welt. Die Gnade aller Gnaden begegnet uns in Jesus Christus, dem Sohn Gottes, der uns zu Erben seines Reiches macht. Gerechtigkeit beschränkt sich in der Bibel nicht nur auf die Verteilung von Hab und Gut, auf mehr Anteil am Bruttosozialprodukt, sondern will einen nächsten Schritt. „Dann komm und folge mir", sagt Jesus, „dann wirst du einen bleibenden Schatz im Himmel haben" (Mk 10,12 und Lk 18,22). Gerechtigkeit fordert Liebe. „Lernt, Gutes zu tun! Sorgt für das Recht! Helft den Unterdrückten! Verschafft den Waisen Recht, tretet ein für die Witwen" (Jes 1,17). Gerechtigkeit ist Verpflichtung zum sozialen und politischen Einsatz. Gerechtigkeit tritt gegen die Lüge mit

Wahrheit an, gegen Korruption mit Ehrlichkeit, gegen Hochmut mit Demut.

Gerechtigkeit bleibt Stückwerk, wenn sie die ökologische Dimension ausspart. Gerechtigkeit will Respekt und Liebe zur Mit-Welt, zu Flora und Fauna, will behutsamen und sorgfältigen Umgang mit allem, was Gott schuf, denn „Gott sah alles an, was er gemacht hatte: Es war sehr gut" (Gen 1,31).

Gottes Gerechtigkeit ist die letzte und einzige Instanz, der die Armen wirklich vertrauen. Ein brasilianisches Sprichwort besagt: „Die Gerechtigkeit Gottes erfüllt sich, auch wenn es lange dauert." Die menschliche Gerechtigkeit ist unzulänglich, interessengeleitet, einseitig. Besonders in Amazonien sehnen sich die Armen nach Gerechtigkeit. Sie zögern, vor Gericht zu gehen, weil ihnen das Geld für einen Anwalt fehlt. Ihre Erfahrung nährt die Befürchtung, dass sie im Streitfall verlieren, auch wenn das Recht auf ihrer Seite ist. Und ist ein Armer einmal verurteilt, verkommt er im Gefängnis. Ein Verurteilter mit vollen Taschen verbringt meist nur eine kurze Zeit seiner Strafe in der Zelle. Spitzfindige Anwälte verhelfen ihm alsbald zur Freiheit.

Beispiele für skandalöse Gerichtspraxis und unbegreiflichen Urteilsvollzug kennen wir viele. Ein Fall empört uns hier an diesem Ort zutiefst.

Rayfran das Neves, der Todesschütze im Mordfall Schwester Dorothy, wird am 10. Dezember 2005 zu 27 Jahren Haft im geschlossenen Vollzug verurteilt. Wenn in Brasilien das Strafausmaß 20 Jahre übersteigt, hat der Angeklagte das Recht auf Überprüfung des Prozesses durch andere Schöffen. Am 23. Oktober 2007 bestätigen die Geschworenen einstimmig den Spruch sowie die Inhaftierung von 27 Jahren. Die Verteidigung legt Berufung ein, der das Gericht am 17. Dezember 2007 mit sechs gegen fünf Stimmen aufgrund eines „technischen Fehlers" stattgibt. Der Anwalt konnte die Strafkammer mit seinem Argument überzeugen: Nicht sein Mandant habe die Schwester bedroht, sondern er habe sich potentiell bedroht gefühlt, von 50 bewaffneten Männern, den Siedlern, für die sich Dorothy eingesetzt und deren Forderungen sie verteidigt hat. Diese Tatsache habe der Richter Raimundo Moisés Alves Flexa bei der Unterweisung der Geschworenen nicht zur Sprache gebracht. Solch ein Zynismus ist nicht zu überbieten.

Welch ein Rechtssystem, das einem ermordeten Opfer kriminelles Verhalten anlastet und gleichzeitig mit legitimer Verteidigung des Täters argumentiert, der fünf Kugeln auf eine wehrlose Schwester abfeuerte, deren einzige Waffe die Bibel war? Welch ein Rechtssystem, das nach vier Jahren nicht im Stande ist, die Untersuchungen zu vervollständigen und zu beenden? Welch ein Rechtssystem, das Ermittlungen und Anklagen gegen jene hinausschiebt, die in hohem Maß verdächtigt sind, das Verbrechen beauftragt zu haben? Welch ein Rechtssystem, das nie ernsthaft die Existenz eines „Konsortiums des Verbrechens" in dieser Region in Erwägung zog?

Wie viel Blut muss noch vergossen werden, bis Amazonien nicht mehr Schauplatz von Gewalt und Tod ist, sondern Reich Gottes und Land für alle Schwestern und Brüder? Wie viel Blut muss noch vergossen werden, bis sich auch in Amazonien Gerechtigkeit und Frieden umarmen?

Amen.

Antônia stimmt das Lied zur Gabenbereitung an. Der Wald ist unsere Kathedrale. Statt Figuren schmücken der Jatobá, die Tamburi, die Bacabapalme, der Paranussbaum und all die anderen Pflanzen in ihrer grünen Schönheit den Kirchenraum. Die Arara haben sich wieder in der Krone des Jatobábaums niedergelassen und preisen Gott auf ihre Art.

Ich bringe Brot und Wein dar, die „Frucht der Erde und der menschlichen Arbeit".

Mit diesen Gaben legen wir unseren Einsatz, unseren Kampf für eine gerechte Welt, die Leiden und Schmerzen der Gedemütigten und Verachteten in Gottes Hand. Wir sagen ihm Dank für die Freude und Liebe, die uns als Schwestern und Brüder vereint.

Symbol unseres Einsatzes, oft im Schweiße unseres Angesichts. Symbol unseres ständigen Kampfes für eine gerechte Welt. Symbol der Leiden und Schmerzen so vieler Menschen, aber auch, trotz alledem, Symbol unserer Freude, hier als Schwestern und Brüder beisammen und nicht vor der Überheblichkeit und Unmenschlichkeit derjenigen entmutigt gewichen zu sein, die sich als Herren von Amazonien aufspielen. Symbol unseres Glücks, an das Reich Gottes und nicht an das Reich der Menschen zu glauben.

„Denn am Abend vor seinem Leiden nahm er beim Mahl das Brot und sagte dir Dank, brach das Brot, reichte es seinen Jüngern und sprach: Nehmet und esset alle davon: Das ist mein Leib, der für euch hingegeben wird.
Ebenso nahm er den Kelch mit Wein, dankte wiederum, reichte ihn seinen Jüngern und sprach: Nehmet und trinket alle daraus: Das ist der Kelch des neuen und ewigen Bundes, mein Blut, das für euch und für alle vergossen wird zur Vergebung der Sünden."

Wie oft schon habe ich diese Worte gesprochen, in kleinen Kapellen und riesigen Kathedralen, im Regenwald und auf Berggipfeln, in indigenen Dörfern und Millionenstädten, in Schulen und Krankenzimmern, wochentags und sonntags, morgens und abends. Immer wieder aufs Neue berühren sich Himmel und Erde auf wunderbare Weise, umfängt das Göttliche das Menschliche. Wir feiern das Gedächtnis des Todes und der Auferstehung des Herrn, „das Sakrament huldvollen Erbarmens, das Zeichen der Einheit, das Band der Liebe, das Ostermahl" (SC 47). Während ich den Leib und den Kelch mit dem Blut Christi erhebe, sehe ich im Geiste Schwester Dorothy tot auf der Straße liegen. Ihr Leib, hingegeben. Ihr Blut, vergossen. Aus fünf Einschüssen fließt Blut auf lehmiges Erdreich.

Unwillkürlich denke ich an die fünf Wunden Jesu. Die Hände und Beine ans Kreuz geschlagen, die Seite mit einer Lanze durchbohrt. „Durch seine Wunden sind wir geheilt" (Jes 53,5).

Groß und Klein, Alt und Jung, Hand in Hand beten wir, wie Jesus uns gelehrt hat, das Vaterunser. Wir empfangen den Leib und das Blut Christi, die Nahrung auf unserer Pilgerschaft durch die Zeit. Das Sakrament stärkt unsere Schritte auf steinigen Wegen, schenkt uns Sanftmut und verleiht uns Kraft, mit dem Herrn das Kreuz zu tragen.

Wie hier das weiße Kreuz von Dorothy säumen viele Kreuze unsere Straßen und Flüsse. Sie erinnern uns an Frauen und Männer, die ihr Leben hingegeben haben. Ihr Blut ist fruchtbarer Samen, der keimt und erblüht in ihren Schwestern und Brüdern, die nicht abweichen, sondern festhalten am Reich Gottes der Liebe und des Lebens. Wir gehen den Weg weiter.

„Herr, sie zertreten dein Volk, sie unterdrücken dein Erbteil“ (Ps 93 [94],5)

Der Xingu ist ein einzigartiger Fluss, mit keinem anderen in Amazonien vergleichbar. Er allein hat ein Delta. Seine Quelle liegt im Bundesstaat Mato Grosso, 600 Meter über dem Meeresspiegel, dort, wo sich die Bergketten Roncador und Formosa kreuzen. Nach 2045 Kilometern erreicht er den wasserreichsten Fluss der Erde. Kurz vor dem Mündungsdelta vermischt sich sein smaragdgrünes Wasser mit den lehmigen Fluten des Amazonas, bis er sich schließlich oberhalb der Festung des heiligen Antonius von Gurupá in diesem majestätischen Strom verliert.

Der Xingu ist geheimnisvoll. Wissenschaftler haben die Herkunft und Bedeutung seines Namens bis heute nicht entschlüsselt. Einige wollen ihn mit „Haus Gottes“ erklären, sind aber nicht sicher, auf welchen Ursprung der Name tatsächlich zurückzuführen ist. Mal ruhig und sanft, bilden seine Gewässer weitläufige, malerische Seenlandschaften, bis felsiges Gestein und Klippen das Flussbett in die Enge zwingen und mächtige Stromschnellen entstehen lassen. Viele Reisende verloren an einem der Wasserfälle ihr Leben, weil sie unerfahren waren und die Gefährlichkeit des Flusslaufes unterschätzten. Wenn der Xingu auch nicht das Haus Gottes sein muss, eines ist sicher: für die indigenen Völker, denen seine Ufergebiete seit Jahrtausenden Heimat sind, ist dieser Fluss heilig.

Der Xingu erzählt die Geschichte vom einstigen Paradies, und sein Rauschen wiederholt „Gott sah alles an, was er gemacht hatte: Es war sehr gut“ (Gen 1,31). Aber er verurteilt auch die Auflehnung der überheblichen, selbstgefälligen, rücksichtslosen und gierigen Menschen, die sein wollen wie Gott (vgl. Gen 3,5).

Sein Tosen ist eine Anklage der mörderischen Gewalt, die dem Bruder das Leben nahm. Und all die Jahrhunderte hindurch ist das Wort Gottes nicht mehr verstummt: „Was hast du getan? Das Blut deines Bruders schreit zu mir vom Ackerboden" (Gen 4,10).

Es ist traurig zu sagen, aber die smaragdgrünen Gewässer des Xingu müssten rot gefärbt sein vom Blut der Opfer unzähliger Massaker in all den vergangenen Jahrhunderten. Viele Aldeias, wie indigene Siedlungen und Dörfer in Brasilien genannt werden, wurden dem Erdboden gleichgemacht. Die Feinde der Indios richteten ihre Schusswaffen gegen Krieger, die bloß Pfeil und Bogen oder Keulen mit sich trugen. Durch die grausamen Invasoren vermischte sich der ausgedörrte Lehmboden auf den Plätzen der Aldeias mit dem Blut wehrloser Mütter, schwangerer Frauen, Jugendlicher und Säuglinge. Abertausende sind gefallen!

Und die so genannte zivilisierte Welt legte nie Rechenschaft für diesen Genozid ab, ja sie bestritt sogar die Ausrottung der zahlreichen indigenen Völker. Sie zeigte sich gleichgültig angesichts des Blutes der Indios, das nach Gerechtigkeit, nach Recht auf Leben, nach der Heimat schrie, die Gott für sie geschaffen hat, als Ort ihrer Mythen und Riten, als Grabstätte ihrer Vorfahren.

„Einen Indio zu töten, bringt kein Gefängnis", wurde zum geflügelten Wort in einem äußerst satanischen juristischen Kontext. Indio war ein Synonym für „Barbar", „wildes Tier", oder er wurde verächtlich als „Urwaldungeheuer" bezeichnet, als sei er eine überflüssige Spezies von Zweifüßlern, ohne Intelligenz und freien Willen. Ein Großteil der Gesellschaft betrachtet die indigenen Völker nach wie vor als übeltäterische Horde, als feindliche Angreifer, als wilde Tiere, als heimtückisch, barbarisch, grausam, unzuverlässig.

Die Geschichte der Indios ist weitaus tragischer, als man sich gemeinhin vorstellt. Die Ströme ihres vergossenen Blutes sind bis heute nicht versiegt. Die gegenwärtige Ablehnung ist den Indios nicht fremd. Im kollektiven Unterbewusstsein dieser Völker sind alle Leiden und Anfeindungen in der Zeit ihrer

Ahnen verwurzelt, seit die Europäer im Jahr 1500 ihren Fuß auf diesen Kontinent setzten und die Bandeirantes ab dem 17. Jahrhundert mit Feuer und Schwert Verwüstung und Tod verbreiteten. Im Auftrag der Krone oder von Geschäftsleuten finanziert, zogen sie von São Paulo aus quer durch das Land, um neue Gebiete für die Besiedlung zu erschließen, um das Vorkommen von Bodenschätzen zu erkunden und Sklaven für die Plantagenbewirtschaftung zu fangen.

Noch vor wenigen Jahrzehnten hat selbst der Indianerschutzdienst (Serviço de Proteção ao Índio – SPI) blutige Gemetzel verschuldet. Das 1910 für indigene Fragen gegründete Regierungsorgan wurde aufgelöst, nachdem im Jahr 1967 Einzelheiten über das so genannte Massaker am Breitengrad 11 ans Tageslicht kamen und die internationale Gemeinschaft den brasilianischen Staat erstmals des Genozids anklagte.

Damit diese Gräueltaten am Breitengrad 11 nie in Vergessenheit geraten, hat der nordamerikanische Anthropologe und Soziologe Shelton H. Davis Zeugenaussagen, Untersuchungsberichte und Prozessakten in einem Buch über die indigenen Opfer der wirtschaftlichen Entwicklung zusammengefasst:[2]

Mitarbeiter von Antonio Mascarenhas de Junqueira, damals ein angesehener Gummiplantagenbesitzer im Bundesstaat Mato Grosso, hatten den Auftrag, das Gebiet des indigenen Volkes Cinta Larga „zu säubern", um die Gummigewinnung auf ihr traditionelles Land auszudehnen. Unterstützung erhielten sie von Garimpeiros, die in der Region für Bergbauunternehmen Zinnoxid förderten und wertvolle Diamanten schürften.

Im November 1963 organisierte Francisco de Brito, ein Angestellter von Junqueira, als „Expeditionen" getarnte Operatio-

---

2 Davis, Shelton H. Vítimas do Milagre: O Desenvolvimento e os Indios do Brasil. Traduzido por Jorge Alexandre Faure Pontual. Rio de Janeiro: Zahar Editores, 1978. P. 107–132.

nen zur Auslöschung der Cinta Larga am Fluss Aripuanã. Für sein Vorhaben mietete Brito eine Cessna und heuerte Pistoleiros und Garimpeiros an. Als Brito zum Angriff auf die Aldeia ansetzte, war gerade eine feierliche Zeremonie im Gange. Beim ersten Überflug wurden Pakete mit arsenvergifteten Zuckerwürfeln abgeworfen. Kurz darauf machte das Flugzeug eine Kehrtwendung und Dutzende Bündel Dynamitstangen fielen vom Himmel. Niemand weiß genau, wie viele Indios dieser Bluttat zum Opfer gefallen sind. Die wenigen Überlebenden flüchteten in die umliegenden Wälder, doch auch hier konnten sie dem Tod nicht entrinnen. Denn schon Tage später erfolgte die nächste „Säuberungsaktion", die an Grausamkeit kaum zu überbieten ist. Diesmal kamen die Verbrecher auf dem Landweg.

Sechs Männer, die den Wald genauso gut wie die Indios kannten, schlichen spät in der Nacht an den Aripuanã und verschanzten sich in der Höhe der Aldeia auf der anderen Uferseite.

„Um uns nicht zu verraten, wurde nur geflüstert. Nicht einmal eine Zigarette haben wir uns angesteckt. Als es dämmerte, kamen die ersten Indios aus den Hütten. Ich war fast eingeschlafen, hatte den Finger aber am Abzug und schoss. Der Indio fiel tot um. (…) Chico Luiz, unser Anführer, war mit einem Maschinengewehr, mit Repetiergewehren Kaliber 44 und Pistolen 38 ausgerüstet. Die Indios haben sich nicht verteidigt. Erst als wir sicher waren, dass sie alle tot sind, überquerten wir den Fluss. Wir waren überrascht und zugleich verwirrt, als plötzlich eine Frau auf uns zukam, mit einem etwa fünfjährigen Kind an der Hand. Sie ist nicht gelaufen. Sie hat nur geweint, und das reizte Chico Luiz. ‚Wir müssen diese Schädlinge töten', brüllte er den anderen zu. ‚Lass das, Chico. Die Cinta Larga werden sich rächen, und auch den Patres gefällt das nicht', sagte einer aus der Gruppe, als Hinweis auf die Consolata-Missionare, die sich in der Region um die Anliegen der Indios kümmerten.

‚Ihr könnt bei der Frau bleiben. Sie ist jung und schön. Wenn ihr nicht wollt, bringen wir sie Amorim' – der diesmal nicht bei der Gruppe war –, ‚als Geschenk mit'. Und Chico Luiz schrie uns zu: ‚Wer eine Frau will, muss sie im Wald suchen.'

Dann packte ein Pistoleiro die Frau, fesselte sie an den Beinen und zog sie, mit dem Kopf nach unten, am Seil über einen Baum. Mit dem Buschmesser setzte er zu einem kräftigen Hieb an und spaltete ihren Körper. Auch das Kind war tot, durch einen Schuss in den Kopf.

Wir steckten die Aldeia in Brand, die kurz zuvor noch voller Leben war. Chico Luiz befahl uns, die Leichen in den Fluss zu werfen. Der Angriff dauerte etwas mehr als eine Stunde, denn kurz nach Sonnenaufgang sind wir abgezogen", gab Ataíde Pereira dos Santos lange Zeit später vor der Untersuchungskommission zu Protokoll. Er war es auch, der das Verbrechen bei der Inspektion des SPI angezeigt hat. Es handelte sich dabei um einen Racheakt, weil ihm Junqueira die Bezahlung der versprochenen 50.000 Cruzeiros verweigerte.

Obwohl das genaue Datum der Anzeige nicht überliefert ist, verstreichen mehr als drei Jahre, bis offizielle Erhebungen eingeleitet werden. Die Militärs, die nach dem Staatsstreich vom 31. März 1964 an der Macht sind, beschneiden Grundrechte, zensurieren Medien, diktieren die Gerichtsbarkeit und haben demzufolge kein Interesse an einer Aufklärung.

Erst im Jahr 1967, kurz nach seinem Amtsantritt als Innenminister, setzt General Afonso Augusto de Albuquerque Lima eine Kommission zur Untersuchung des Massakers am Breitengrad 11 und der kriminellen Verstrickungen des SPI ein. Der offizielle Bericht umfasst 21 Bände mit 5115 Seiten und ergibt, dass mehr als 200 Mitarbeiter des SPI, darunter zwei ehemalige Minister, zwei Generäle, ein Oberstleutnant und zwei Majore, ihre Aufgaben nicht ordnungsgemäß ausführten, weil sie korrupt waren, nur zum eigenen Vorteil handelten oder andere Verbrechen begingen. Neben dem damaligen Direktor des SPI, Major Luiz Vinhas Neves, werden von den Beschuldigten weitere 37 aus dem öffentlichen Dienst entlassen.

Auch am Xingu geschehen in den 1960er Jahren entsetzliche Gewaltakte gegen Indios, für die sich niemand je vor Gericht verantworten musste. Lokale Politiker wollen Altamira um jeden Preis aus dem Schattendasein befreien und mit einer Verbindung nach Santarém das Tor zur Welt öffnen.

Ein Hindernis für dieses Vorhaben ist die indigene Gemeinschaft Arara, die in der Region der heutigen Gemeinden Medicilândia und Uruará lebt. Warum sollte durch diese Indios der Fortschritt gebremst werden? „Sie müssen beseitigt werden", lautet der Auftrag an jene, die einem Indio begegneten oder ihn nur aus der Ferne erspähten.

Den tragischen Höhepunkt erreicht die Verfolgung der Indios 1970 mit dem Beginn der Bauarbeiten der Transamazônica zwischen Altamira und Santarém, die drei Kilometer entfernt von einer Aldeia der Arara am Nebenfluss Penetecaua vorbeiführt. Unbekannt ist die Zahl der Opfer dieses Genozids. Es sind zu viele kostbare Leben, die damals auf jede nur erdenkliche Weise unerbittlich ausgelöscht werden: mit Hunden zu Tode gehetzt, erschossen, erschlagen, erstochen, mit Grippe-, Masern-, Tuberkulose- oder Pockenviren infiziert, für die das Immunsystem der Indios keine Abwehrstoffe hat. Nicht weniger elendig ist der Tod durch Stromschlag an den Zäunen rund um die Baubaracken und Geräteschuppen, für die eigene Generatoren ständig Strom liefern.

Und der Welt draußen bleibt diese Katastrophe verborgen, von der die Arara in jenen Tagen schmerzlich heimgesucht werden. Stattdessen ertönt von allen Seiten Jubel, als der damalige Präsident der Republik, General Emílio Garrastazu Médici, beim offiziellen Beginn des Straßenprojektes stolzerfüllt „die Eroberung dieser gigantischen grünen Welt" hinausposaunt. Aber um welchen Preis?

Nie vergesse ich den Tag, an dem die Nachricht die Runde macht: „Die schrecklichen Indios Arara wurden unterworfen." Als Beweis für den erfolgreichen Kontakt schafft man einige Indios dieser Gemeinschaft, die bisher frei in den Wäldern am Xingu lebte, in die Stadt. Nackt, vor Angst zitternd zieht man sie auf einem Karren durch die Straßen und setzt sie wie eine seltene Tierart der öffentlichen Schaulust und Neugierde aus.

Die Zeiten haben sich geändert. So denken wir zumindest. Die Erklärung der universalen Menschenrechte hat seit über sechzig Jahren Gültigkeit. Jegliche Diskriminierung oder Ausgrenzung aufgrund der Herkunft oder Identität wird durch internationale Vereinbarungen geächtet. Brasilien hat seit Oktober 1988 eine Bundesverfassung, die in den Artikeln 231 und 232 die indigenen Rechte festlegt. Die staatliche Vormundschaft wurde aufgehoben und allen Indios, die bislang den Minderjährigen und geistig Eingeschränkten gleichgestellt waren, wurden die vollen Bürgerrechte eingeräumt. Obwohl die Verfassung bereits seit zwei Jahrzehnten in Kraft ist, scheinen die indigenen Rechte einigen Medien immer noch fremd zu sein, wenn zum Beispiel die auflagenstärkste Zeitung im Bundesstaat Pará am 27. Mai 2008 in einem Bericht über die Verletzung eines Referenten beim Treffen „Xingu Vivo" schreibt, dass „die Bundespolizei von der FUNAI eine Erklärung über den Vorfall verlangen soll, (…) da das Organ der rechtliche Vormund der brasilianischen Indios ist".

Der Wortlaut des Verfassungstextes ist für die indigenen Völker leider noch nicht Realität. Wenn das administrative Verfahren der Regelung eines indigenen Gebietes mit der Homologation durch den Präsidenten der Republik abgeschlossen ist, schallt jedes Mal durch ganz Brasilien ein ohrenbetäubendes Geschrei: „Es gibt zu viel Land für wenige Indios!" Und in Altamira schließt sich eine lokale Radiostation wochenlang den Hetzkampagnen gegen die indigenen Völker an. Die verbalen Angriffe, die rassistischen Verhöhnungen und Diffamierungen wecken Erinnerungen an die menschenverachtende Behandlung der Juden durch das Nazi-Regime. Und wir meinten, diese Gesinnung gehöre längst der Vergangenheit an. Ganz offensichtlich haben wir uns getäuscht. Die indiofeindliche Welle erreicht immer wieder ein alarmierendes Ausmaß.

Die Jahre der Militärdiktatur von 1964 bis 1985 verblassen immer mehr im historischen Gedächtnis Brasiliens. Zum Teil folgenschwere Spuren bis in die Gegenwart haben allerdings die ehrgeizigen Großprojekte und Programme der damals allmächtigen Präsidenten hinterlassen. Einer von ihnen war General Médici, bekannt für seine Projekte der Nationalen Integration, wie die 1972 eröffnete Transamazônica. Die Straße, deren Bau bis heute nicht abgeschlossen ist, führt durch sieben Bundesstaaten quer durch das Land von Amazonas bis nach Paraíba an der Atlantikküste. Nach dem Bau der noch geplanten etwa 1700 Kilometer soll die BR-230, wie sie im Straßenverzeichnis des Transportministeriums geführt wird, knapp 5000 Kilometer lang sein. In Pará erstreckt sich die Transamazônica über 1569 Kilometer, wobei nur ein Drittel asphaltiert ist.

Im Zusammenhang mit diesem pharaonischen Infrastrukturprojekt propagiert Médici Anfang der 1970er Jahre für das Amazonasgebiet den Slogan: „Land ohne Leute für Leute ohne Land!" Eine unerträgliche Beleidigung für die indigenen Völker, die seit Jahrtausenden hier in den tropischen Wäldern leben. Der damalige Präsident verwehrt den Indios die Staatsbürgerschaft, verleugnet ihre Existenz, betrachtet sie als endgültig tot. Die Propaganda verfehlt nicht ihre Wirkung. Tausende Familien kommen zu dieser Zeit aus dem Nordosten, aus dem Zentrum sowie vom Südosten und vom Süden nach Amazonien.

Neben Verkehrsverbindungen und Transportwegen umfasst der „Plan der Nationalen Integration" auch den Ausbau des Energiesektors. Und es lag und liegt nahe, den Wasserreichtum Amazoniens zu nutzen, um den steigenden Energiebedarf, vor allem für die Industrieanlagen im Süden des Landes, durch den Bau von Wasserkraftwerken zu decken.

Eletronorte, die dem Ministerium für Bergbau und Energie unterstellte regionale, staatliche Energiezentrale der neun Bundesstaaten im Norden, beauftragt 1975 Ingenieure mit den Erhebungen für eine Kartografie der Flüsse und der Erkundung möglicher Standorte von Wasserkraftwerken. Im Jänner 1980 legen sie ihren Bericht vor, in dem fünf Kraftwerke am Xingu und eines am Iriri, dem größten Nebenfluss des Xingu, vorgeschlagen werden. Kurz darauf beginnt Eletronorte mit der technischen Machbarkeitsstudie und der Finanzplanung der Anlage Altamira, mit den Kraftwerken Kararaô und Babaquara, das bis 1986 als vorrangig gilt. Zeitgleich wird von der nationalen Energiezentrale, Eletrobrás, der „Nationale Plan für elektrische Energie 1987 / 2010" ausgearbeitet, der bis zum Jahr 2010 den Bau von 165 Wasserkraftwerken in ganz Brasilien vorsieht, davon 40 in Amazonien. Statt Babaquara sollte Kararaô in Angriff genommen werden, da dieser Standort besser in das landesweite Versorgungsnetz einzubinden sei.

Während vor Ort eifrig vermessen, untersucht und beobachtet wird und in den Büros die Analysen, Zeit- und Kostenaufstellungen sowie Statistiken und Dokumentation immer konkretere Züge annehmen, lässt man die betroffene Bevölkerung im Dunkeln. Die indigenen Gemeinschaften in der Region, allen voran die Kayapó, befürchten die Zerstörung ihres Lebensraumes durch das Kraftwerk. Sie beschließen das „Erste Treffen der Indigenen Völker am Xingu", das vom 20. bis 25. Februar 1989 in Altamira stattfindet.

Die Prälatur am Xingu stellt das Bildungshaus Betânia für die Unterkunft der Indios zur Verfügung. Mitarbeiter der Indigenen Pastoral kümmern sich vor und hinter den Kulissen um den reibungslosen Ablauf der Versammlung, zu der 650 indigene Vertreter aus dem ganzen Land, 300 Ökologen und Vertreter von Umwelt- und Menschenrechtsorganisationen, 150 Journalisten aus dem In- und Ausland, der britische Musiker Sting, die Präsidenten von Eletronorte, José Antônio Muniz Lopes, und vom Brasilianischen Institut für Umwelt und erneuerbare natürliche Ressourcen (Instituto Brasileiro do Meio Ambiente e dos Recursos Naturais Renováveis – IBAMA) Fernando César Mesquita sowie lokale, regionale und nationale Politiker anreisen. Ein Bild von Tuíra Kayapó geht um die Welt: Eine indigene Frau berührt mit ihrem Buschmesser die Wange von Muniz Lopes, als Ausdruck der Warnung vor den zerstörerischen Folgen des Kraftwerkes. Aus Respekt vor der indigenen Kultur werde man für das Kraftwerk Kararaô – ein Kriegsschrei der Indios Kayapó – einen anderen Namen wählen und künftig keine indigenen Begriffe verwenden, verspricht der Präsident von Eletronorte bei dieser Gelegenheit.

Das erste Treffen der Indigenen Völker am Xingu mündet in die Nationale Kampagne zur Verteidigung der Völker und des tropischen Regenwaldes in Amazonien und gilt als Markstein der sozioökologischen Bewegung in Brasilien. Der indigene Protest zeigt Früchte. Das Projekt Kararaô wandert wie der Plan 2010 ins Archiv. Ab Mitte der 1990er Jahre prüft Eletronorte andere Möglichkeiten für Kraftwerke und schlägt für den „Mehrjahresplan 2000/2003", der alle Vorhaben der Regierung umfasst, 15 Wasserkraftwerke vor, darunter Belo Monte in der Region am Xingu.

Im Dezember 2000 beginnt Eletronorte erneut mit den Vorarbeiten. Einzelheiten über das Projekt werden bekannt. Soziale Bewegungen, darunter auch kirchliche Organisationen, rufen zur Aktion SOS Xingu auf und warnen vor den Folgen des Kraftwerkes, das weitaus größer geplant ist, als ursprünglich vorgegeben. Gegen die erste durchgeführte Umweltstudie wird bei Gericht erfolgreich Berufung eingelegt. Das Jahr 2002 ist geprägt von Kundgebungen und Demonstrationen der Kritiker und Befürworter des Projekts. Zu einer öffentlichen Audienz der Kommission für Bergbau und Energie des Nationalkongresses werden nur Befürworter des Kraftwerks zugelassen, darunter auch sieben Bundesabgeordnete aus Pará. Kurz darauf meldet sich der Präsident der Republik, Fernando Henrique Cardoso, zu Wort und meint, nicht nur die Umwelt, sondern auch die Bedürfnisse des brasilianischen Volkes müssten respektiert werden und das Projekt schaffe schließlich viele Arbeitsplätze.

Im Wahlprogramm des Kandidaten Luiz Inácio Lula da Silva findet auch das „umstrittene Projekt" Belo Monte Erwähnung, das sich unvorhersehbar auf die „vielschichtige Struktur der Bucht Amazoniens" auswirken werde, es sei nicht ratsam, die „von Eletronorte blind aufgestellten Kraftwerke zu realisieren". Nach seinem Wahlsieg besteht er jedoch als Präsident der Republik auf der Ausführung des Projekts. Erstaunlich, diese Metamorphose seiner Position, gleichermaßen wechselhaft wie ein Chamäleon.

Die Befürworter von Belo Monte beantragen beim Höchstgericht die Aufhebung der Suspendierung der Umweltstudie. Die Obersten Richter urteilen im November 2002 abschlägig, mit der Begründung, dass indigene Völker betroffen seien und damit der Artikel 231 der Bundesverfassung verletzt werde.

Bis 2005 finden zahlreiche Seminare, Expertengespräche, Kundgebungen und Demonstrationen der Kraftwerksgegner statt, deren Argumente, von Wissenschaftlern und Experten gestützt, immer länger werden. Stereotyp bleibt indessen die Position der Befürworter: Das Kraftwerk sei unverzichtbar für den Aufschwung in der Region, für die Schaffung neuer Arbeitsplätze und für den Ausbau der Infrastruktur.

Im Juni 2005 wird das Legislative Dekret 788 in seiner dritten Fassung verabschiedet, das die weiteren Schritte für Belo Monte festlegt und die gesamte Koordination von Eletronorte auf Eltrobrás überträgt. Wie sich später herausstellt, ist der Gesetzestext nicht verfassungskonform und Anlass für mehrere gerichtliche Einsprüche. Schließlich genehmigt der Oberste Gerichtshof im folgenden Dezember mit knapper Mehrheit die Durchführung der Studien hinsichtlich der Umweltauswirkungen von Belo Monte.

Zeitgleich gründen Unternehmer, Großgrundbesitzer, Geschäftsleute und Politiker das Komitee für Entwicklung an der Transamazônica und am Xingu, in dem sich Einzelpersonen und Organisationen aus elf Gemeinden zusammenschließen. Ihr willkommenes Feindbild bin von nun an ich, der Bischof vom Xingu, weil ich jahrelang an der Seite der indigenen Völker, der kirchlichen Organisationen und sozialen Bewegungen gegen Belo Monte aufgetreten bin. Immer wieder habe ich Briefe und Aufrufe verfasst, mich mit Ökologen und Energieexperten beraten, mit Politikern Verhandlungen geführt, um die zuständigen Behörden zu überzeugen, dass wir nach dem Bau von Belo Monte das Requiem für den Xingu anstimmen können.

Am 19. Juni 2006 organisiert das Komitee eine Großdemonstration in Altamira und erwartet mindestens 30.000 Teilnehmer aus der Region: Unternehmer, landwirtschaftliche Produzenten, Großbauern und Arbeitslose. An die Bevölkerung von Altamira sollen 4000 Kilo Fleisch und 500 Liter Milch verschenkt werden, aus Protest gegen den niedrigen Fleischpreis. Die Tage davor wird hier und dort gemunkelt, dass der Bischof bei dieser Kundgebung nicht ungeschoren davonkommen werde. Ein Gerücht macht die Runde: Das Bischofshaus werde mit Steinen beworfen.

Militärpolizei und Bundespolizei sind in Bereitschaft, Banken geschlossen und Geschäfte haben die Rollläden heruntergezogen, als sich der Zug der Demonstranten von der Transamazônica in Richtung Stadtzentrum bewegt. Es sind um die 4000 Teilnehmer gekommen – weitaus weniger als erhofft. Auf ihren Transparenten ist unter anderem zu lesen: „Dom Erwin Krautler, ein Wolf im Schafsfell!" oder „Hau ab!".

Bei der abschließenden Kundgebung werden kirchliche Organisationen sowie soziale Bewegungen aufgrund ihrer Ablehnung von Belo Monte heftig attackiert. Von der Tribüne schreien einige: „Es ist Krieg!" Einer der Redner will gegen den Bischof „die Gummiknüppel sausen lassen", was in Brasilien mehr als nur verprügeln bedeutet. Ohrenzeugen berichten in den folgenden Tagen von nicht verstummen wollenden Drohungen, etwa: „Der Bischof hat das Fass zum Überlaufen gebracht, man muss ihm einen Denkzettel verpassen!" oder „Die Situation ist schlimm, der Bischof muss beseitigt werden!".

Als Folge dieser Bedrohung verfügt das Sekretariat für Öffentliche Sicherheit von Pará am 29. Juni 2006 Polizeischutz für meine Person.

Im Fall des Wasserkraftwerkes werden wiederholt die Gerichte bemüht, Anordnungen erteilt und annulliert, Suspendierungen aufgehoben. Mit dem Hinweis auf die indigenen Völker, die bisher entgegen der Verfassung nicht angehört wurden, wird im Mai 2006 die Genehmigung für die Prüfung der Umweltverträglichkeit vom Dezember 2005 außer Kraft gesetzt. Und wie könnte es anders sein, eine Berufung folgt der anderen durch alle Instanzen der Justiz.

Mitte Jänner 2007 präsentiert Luiz Inácio Lula da Silva zum Auftakt seiner zweiten Amtszeit als Präsident der Republik das „Programm für Beschleunigtes Wachstum" (Programa de Aceleração do Crescimento), kurz PAC genannt, in dem Belo Monte für „die Bundesregierung ein strategisch wichtiges Kraftwerk" in der Region Norden ist. Kurz darauf stellt Gouverneurin Ana Júlia Carepa das PAC für den Bundesstaat Pará vor, in dem unter anderem Investitionen von 9,6 Milliarden Reais im Energiebereich vorgesehen sind, davon 6,6 Milliarden Reais für das Kraftwerk Belo Monte, das 2014 in Betrieb gehen werde. Wieder eines dieser unzähligen Wirtschaftsprogramme, die auf die Bedürfnisse der Bevölkerung vergessen. Während in Pará noch immer mehr als ein Drittel der Haushalte ohne elektrisches Licht im Dunkeln sitzt, werden gigantische Summen für Projekte veranschlagt, die vielen Menschen die Heimat nehmen, ihren Lebensraum zerstören, Flora und Fauna vernichten, und noch Schlimmeres, wie das Beispiel des rund 400 Kilometer von Altamira entfernten Kraftwerks Tucuruí zeigt.

Nach Itaipu, einem binationalen Projekt mit Paraguay, ist Tucuruí am Fluss Tocantins das zweitgrößte Kraftwerk im Land. Knapp zehn Jahre dauern Planung und Bau, bis es 1984 in Betrieb geht und eine Leistung von 4000 Megawatt erbringt. Tucuruí II, die Erweiterung der Anlage, erfolgt von 1998 bis 2006 und erhöht die Kapazität um 4125 Megawatt. Bei Vollstau ist eine Fläche von 2875 Quadratkilometer überflutet. Das ist mehr als fünf Mal die Fläche des Bodensees mit 538 Quadratkilometern.

Während der Vorbereitung der zweiten Bauphase führt die Weltkommission für Staudämme eine Fallstudie über Tucuruí I durch.[3] Die Ergebnisse sind niederschmetternd, aber keineswegs überraschend für die lokale Bevölkerung, die täglich die Auswirkungen spürt. Über 20.000 Menschen wurden in Gebiete mit schlechter Infrastruktur umgesiedelt. Nach wie vor fehlen Schulen, Krankenstationen, Spitäler, Wasserleitungen und Kanalisation. Mehr als die Hälfte der Umgesiedelten erhielt keine Besitztitel für das zugewiesene Land, was Grundstücksspekulanten Tür und Tor öffnete. Unter den Betroffenen waren auch Indios Parakanã, Asurini und Gavião, die auf viel zu kleinen Territorien angesiedelt wurden, weit entfernt von ihrem traditionellen Land, auf dem sie ihre Vorfahren begraben haben. Weil vor der Flutung des Staudammes nur 10 Prozent der 120.000 Hektar des Waldes gerodet wurden, verfault die Biomasse unter Wasser und setzt erhebliche Mengen an Treibhausgasen frei, bis zu 76 Tonnen Methan (CH_4) pro Quadratkilometer sowie 3800 Tonnen pro Quadratkilometer Kohlenstoffdioxid (CO_2) im Jahr. Das stehende Gewässer ist zudem eine bevorzugte Brutstätte für Anopheles-Mücken und Stechfliegen. Malariafälle haben sich verdoppelt, die Zahl an Atemwegsinfektionen sowie Hauterkrankungen ist überdurchschnittlich angestiegen.

Nicht nur der Fischbestand ist in der Umgebung von Tucuruí um mehr als die Hälfte gesunken, sondern auch der Wildbestand verzeichnet einen deutlichen Rückgang und Dutzende Vögelarten haben ihre Niststätten verloren. Eine Katastrophe für ein armes Volk, das auf den Fisch als wichtigstes Nahrungsmittel angewiesen ist. Auch das Wild zur Jagd wird für die Indios immer knapper.

---

3 World Commission on Dams. Brazil Case Study Tucuruí Dam and Amazon/Tocantins River Basin. November 2000. www.dams.org

Sprunghaft erhöht haben sich auf der anderen Seite auch die Gesamtkosten der Anlage von 4,3 Milliarden US-Dollar laut Machbarkeitsstudie 1974 auf 7,5 Milliarden US-Dollar tatsächliche Kosten im Jahr 1986, wobei Zinsen für langfristige Kredite unberücksichtigt blieben.

Die wirtschaftliche, soziale und ökologische Bilanz weist die Bevölkerung als eindeutige Verliererin aus. Wer aber sind die Gewinner? Zwei Drittel der in Tucuruí I erzeugten Energie geht an die Aluminiumindustrie in Barcarena und São Luís. Mehr als die Hälfte der brasilianischen Aluminiumproduktion wird exportiert.

Anhand einer Formel, die auf Investitionen, laufenden Kosten, Jahresproduktion und voraussichtlicher Betriebszeit basiert, wurde ein Preis zwischen 40 und 58 US-Dollar pro Megawattstunde im Zeitraum von 30 Jahren errechnet. Im Jahr 1998 musste ein Haushalt 70 US-Dollar für eine Megawattstunde bezahlen, während die Megawattstunde für einen Industriebetrieb mit nur 24 US-Dollar abgerechnet wurde. Im Klartext heißt das, arme Siedler, Kleinbauern, Indios, Tagelöhner subventionieren mit der Bezahlung ihrer Stromrechnung zum Beispiel eine Getränkedose, die von einem europäischen oder anderen Abnehmer hergestellt wurde.

Damit sie nicht das gleiche Schicksal wie ihre Geschwister in der Umgebung von Tucuruí ereilt, finden sich Anfang Juni 2007 wieder indigene Vertreter in Betânia ein, um ein „Zweites Treffen der Indigenen Völker am Xingu“ vorzubereiten. Brasilien und die Welt müssen erneut auf die Verschwendung von Geldern in eine milliardenschwere Investition aufmerksam gemacht werden. Während des tropischen Sommers sinkt der Wasserstand des Xingu so weit ab, dass eine Energieproduktion völlig unrentabel wird. Es ist die Jahreszeit, in der Jung und Alt, Groß und Klein an die ausgedehnten weißgoldenen Sandstrände drängen und Abkühlung in den kristallklaren Gewässern des Xingu suchen.

Und an einem dieser Strände am Xingu organisieren die Indios am 3. Juni 2007 eine Kundgebung gegen das Wasserkraftwerk Belo Monte. Auf dem Weg dorthin steigt einer der Vertreter vom Volk Kayapó auf einen am Straßenrand geparkten Lastwagen, ergreift das Mikrofon und schreit: „Was wird aus unseren Kindern?

Es darf nicht sein, dass die Gräber unserer Vorfahren in den Fluten versinken!“

Unternehmer, Geschäftsleute und Großgrundbesitzer hingegen verteidigen Belo Monte und erwarten einen Geldregen über Altamira. Es interessiert sie nicht, dass rechtmäßig anerkannte indigene Gebiete und Tausende Häuser in den Flussniederungen unter Wasser gesetzt werden, die Umwelt unwiederbringlichen Schaden leidet und das Überleben der in ihren Augen steinzeitlichen Indios bedroht ist. Sie denken nur an sich und an „heute“. Sie haben weder einen Bezug zur Geschichte, noch sorgen sie sich um die Lebensperspektiven künftiger Generationen. „Nach mir die Sintflut!“ Skrupellos, eigennützig und gewinnorientiert würden sie am liebsten alle zur Hölle schicken, die ihren Interessen im Weg stehen.

Die Indios fühlen sich auch für ihre Nachkommen verantwortlich und pflegen eine tiefe Beziehung zu ihren Vorfahren, die ihnen diese von Gott geschaffene Welt vererbt haben. Sie sind mutig und warnen vor den Folgen dieses größenwahnsinnigen Projekts. Am Flussufer reichen sich Indios und Nichtindios die Hände und besiegeln ihr Bündnis, gemeinsam gegen die Zerstörung des Flusses anzukämpfen und für das Leben einzutreten: *Der Xingu soll für immer leben!*

Warum stellt sich Eletrobrás nicht den Fragen der indigenen Völker? Warum war noch niemand in einer Aldeia, um über Belo Monte zu sprechen? Warum will man keine Unterstützung von jenen, die mit der Welt der Kayapó vertraut sind und Brücken schlagen könnten zu den Nachfahren der ersten Bewohner dieses Landes? Warum werden sie diskriminiert, an den Rand gedrängt und ausgeschlossen?

Bei den so genannten öffentlichen Audienzen werden nicht alle Fakten preisgegeben, und die Indios haben nicht die Möglichkeit, ihre Zweifel, Bedenken und Kritik anzubringen. Diese Anhörungen sind ein unternehmerisches Ritual von Vertretern der Regierungsbehörden, die lediglich die Litanei von Wachstum, Aufschwung und Entwicklung herunterleiern. Und wenn jemand Einwand einlegt, kommt die formelhafte Antwort: „Das ist der Preis für Fortschritt und Entwicklung!" Eine Erklärung von Fortschritt und Entwicklung sind sie bis heute schuldig geblieben, stattdessen kanzeln sie gegenteilige Auffassungen als „ideologisch" ab. Die Regierung spricht dem einfachen Volk die Intelligenz ab und schreibt vor, wie und was es zu denken hat.

Besessen von der Idee des beschleunigten Wirtschaftswachstums, betrachtet sogar der Präsident der Republik, Luiz Inácro Lula da Silva, die indigenen Völker, die Umweltschützer und selbst die Staatsanwaltschaft als Gefährdung seiner Pläne. Als nebensächlich gelten auch die Umweltgesetze, die für die Entwicklung des Landes nicht förderlich seien. Ihr uneingeschränkter Vollzug würde Stagnation bedeuten. Die Folgen für die Umwelt haben wenig Bedeutung. Da die Regierung für Wasserkraftwerke gesetzlich zu einer Umweltverträglichkeitsprüfung verpflichtet ist, beauftragt sie Wissenschaftler ihres Vertrauens, die blindlings Gutachten erstellen und längst vorgefertigte Behauptungen bestätigen: Es gibt geringe oder gar keine ökologischen und sozialen Auswirkungen. Techniker, Ingenieure und Wissenschaftler werden sich mit abschlägigen Expertisen wohl nicht die eigene Zukunft verbauen, wenn der nächste Regierungsauftrag bereits winkt. Schließlich hat die eigene Lebensplanung Vorrang, auch wenn anderen dadurch jegliche Zukunft geraubt wird.

Wer hat Interesse am Bau von Belo Monte und wer zieht Vorteile daraus? Wird das Kraftwerk die Situation der Menschen in Pará, am Xingu, in Altamira, Vitória do Xingu, Souzel, Anapu, an der Transamazônica, am Unteren Xingu verbessern? Die produzierte Energie wird nicht der Versorgung entlegener Siedlungen dienen, um auch dort den Lebensstandard der Familien etwas anzuheben. Vorrangig müssen multinationale Konzerne mit Elektrizität bedient werden, damit deren Profite gesichert sind. Der Strompreis für brasilianische Haushalte ist noch immer um ein Drittel höher als für Industriebetriebe.

Amazonien ist bloß eine Provinz, die Energie, Bodenschätze, Holz, Schlachtvieh und landwirtschaftliche Produkte liefert. Die Region war, ist und bleibt Provinz, die mit den Zentren in anderen Landesteilen nicht mithalten kann. Dort aber werden Pläne geschmiedet, Programme ausgearbeitet und Entscheidungen getroffen. Aus Mitleid mit den Armen fallen für sie hin und wieder einige Krümel von ihren voll gedeckten Tischen. Statt die Anliegen ihrer Bevölkerung zu verteidigen und das ungerechte System in Frage zu stellen, spenden unsere Politiker nur Lob und Beifall, nehmen sogar theologische Begriffe in den Mund und sprechen von „Rettung“ und „Erlösung“ von Pará und Amazonien.

Der heilige Thomas von Aquin prägte den Grundsatz: „Gratia supponit naturam“ (Die Gnade setzt die Natur voraus) oder anders ausgedrückt: Es gibt keine Rettung, wenn die Schöpfung zugrunde gerichtet, zerstört und vernichtet wird. Dann herrschen nur Elend, Verderben und Chaos.

Am 19. Mai 2008 darf ich im Sportsaal von Altamira das Treffen „Xingu Vivo“ eröffnen, zu dem sich mehr als 600 Indios einfinden. Der Einzug ist sehr feierlich. Singende und tanzende Kinder, Frauen und Männer mit Speeren, Keulen und Buschmessern. Ein Sturm der Begeisterung bricht los, als die Kayapó die Nationalhymne in ihrer Muttersprache anstimmen.

Ich stelle die Kaziken der 24 vertretenen Gemeinschaften vor und begrüße alle anderen Teilnehmer. Die Stimmung ist festlich, lebhaft und außergewöhnlich. So viele Indios von unterschiedlichen Ethnien sind nicht oft an einem Ort versammelt. In traditioneller Bemalung tanzen sie nach uralten Riten und singen überlieferte Weisen, die Männer mit kräftigem Bariton, die Frauen in hohen Tönen, manchmal sogar etwas schrill. Die Jugend auf den Bänken wiegt sich im Rhythmus der Tänze. Alle sind beeindruckt und spenden begeistert Applaus.

Am nächsten Tag wird die Präsentation fortgesetzt. Es ist ein indigenes Ritual, dass jeder Kazike das Wort ergreift, auch wenn er die Meinung seines Verwandten wiederholt. Die Indios fühlen sich mit allen verwandt, ungeachtet der geografischen Herkunft, der ethnischen Zugehörigkeit oder der Sprachfamilie. Sie verstehen sich als „õbikwa" (Familienangehörige). Wird einem Verwandten Schmerz zugefügt, so leiden alle.

An diesem 19. Mai stellen sie sich zuerst in ihrer Muttersprache vor und übersetzen dann selbst in die portugiesische Sprache. Manchen fällt es leicht, andere haben Schwierigkeiten, die entsprechenden portugiesischen Ausdrücke zu finden.

Sie berichten von ihren Freuden, aber auch Ängsten und Empörungen, weil die Regierung wieder einmal ihre Rechte missachtet oder Großgrundbesitzer, Bergbauunternehmen oder Holzhändler Anspruch auf ihr traditionelles Land erheben. Sie beklagen die Verantwortungslosigkeit der sie umgebenden Gesellschaft und verhehlen nicht ihre Enttäuschung: „Wir sind es Leid, überhört oder nicht gehört zu werden! Wir können das Gerede über die Kraftwerke am Xingu nicht mehr hören. Wir verteidigen nicht nur den Xingu, sondern alle Flüsse in Amazonien, die Lebenswelt der indigenen Völker", sagt ein Kazike.

Nach den indigenen Präsentationen steht eine Podiumsdiskussion mit Referaten auf dem Programm. Die Redner sind Professor Oswaldo Sevá Filho von der Universität in Campinas, Ingenieur Paulo Fernando Viana Rezende von Eletrobrás, Roquivan Alves da Silva von der Bewegung der von Kraftwerken Betroffenen, Jean Pierre Leroy von der Föderation für Unterstützung im Sozial- und Bildungsbereich und Glenn Switkes, Direktor des Lateinamerikanischen Programms vom Internationalen Flussnetzwerk.

Oswaldo Sevá ist uns seit langem bekannt. Er ist Herausgeber des Buches Tenotã-Mo, mit Beiträgen von unterschiedlichen Autoren, das einen breiten Diskurs über Wasserkraftwerke in Amazonien in Gang setzen soll. Ich habe das Vorwort dieses Werkes verfasst, das am 11. August 2005 veröffentlicht wurde. Eletrobrás hat nie Stellung bezogen zu den kritischen Stimmen und Befürchtungen aus der Welt der Wissenschaft.

Nach Oswaldo Sevá wird Paulo Rezende angekündigt. Der Ingenieur hatte offenbar zu wenig Zeit, um einen für alle nachvollziehbaren Vortrag auszuarbeiten. Er kommt mit einer computergestützten Folienpräsentation, die er wahrscheinlich irgendwann für Bürgermeister, Gemeinderäte, Unternehmer und Kaufleute erstellt hat. Der Saal kann nicht verdunkelt werden, somit sind seine Statistiken, Formeln und Karten auf der Leinwand kaum auszunehmen. Unter den Anwesenden macht sich Unruhe breit und sie protestieren, als Paulo Rezende die Ausführungen von Professor Sevá als „obsolet" abqualifiziert. Rezende kämpft gegen die immer lauter werdenden Pfiffe und Buh-Rufe aus dem Publikum an und schreit. Ihm fehlt die pädagogische Erfahrung, um diese spannungsgeladene Situation zu bewältigen. In keinem Moment versucht er, auf die Fragen und Erwartungen der Indios einzugehen, ihre Ängste und Sorgen zu verstehen. Warum hat er nicht die Vorteile und Nachteile eines Kraftwerks aufgezeigt? Einfach, direkt, ohne Vorbehalte. Er hat nur seine Überzeugung kundgetan: Belo Monte wird in jedem Fall gebaut, allen Gegnern zum Trotz.

Als Roquivan Alves da Silva das Wort ergreift und versichert, die Indios werden die Bewahrung des Xingu verteidigen, erschallt ein eindringlicher Kriegsschrei. Die Indios erheben ihre Keulen und Buschmesser, formieren sich und bewegen sich im Tanzschritt auf den Ingenieur zu. Im Gewirr der Menge passiert ein Unfall. Rezende wird am rechten Oberarm unabsichtlich mit einem Buschmesser geschnitten. Er gießt sofort eine Flasche Wasser über die Wunde. Dieses blutigwässrige Gemisch, das über Arm und Schulter rinnt, erweckt den Eindruck einer schweren Verletzung. Dieses Bild, von den Fernsehkameras festgehalten, wird brasilienweit und über die Landesgrenzen hinaus

Aufsehen erregen mit Schlagzeilen wie: „Rezende niedergestochen", „Ingenieur von Kayapó angegriffen", „Indios attackieren Ingenieur von Eletrobrás mit Buschmessern".

Paulo Rezende wird im Krankenhaus verarztet und bestätigt später gegenüber den Medien: „Es war ein Unfall!"

Ein Kazike Kayapó beruhigt die Menge, äußerte sein Bedauern und betont mit Nachdruck: „Es war ein Unfall und wir sind sehr traurig darüber!" In einer Pressemitteilung beklagen die Organisatoren des Treffens später den Vorfall und verweisen darauf, dass „die traurige Begebenheit keineswegs den demokratischen Geist des Dialogs dieses Treffens darstellt, das allen Teilnehmern und Betroffenen die Möglichkeit zum Reden bieten will".

Kurz nach diesem Vorfall überlegen wir sogar, das Treffen vorzeitig zu beenden, entscheiden uns aber für eine Weiterführung mit geändertem Programm. Statt einer Demonstration durch die Straßen von Altamira findet am 23. Mai 2008 eine abschließende Kundgebung am Ufer des Xingu statt. Vertreter der indigenen Gemeinschaften, Frauen, Männer und Jugendliche vom Land und der Stadt sowie Vertreter von Basisbewegungen reichen sich wieder die Hände, während einige Indios tanzen. Frauen tauchen mit ihren Kindern ins Wasser, um zu zeigen, wie sehr sie den Fluss lieben und achten.

Das Treffen der indigenen Völker ist beendet, ihrer Verpflichtung für die Bewahrung des Xingu bleiben sie treu, denn die Indios wollen ihren künftigen Verwandten ein würdiges Erbe hinterlassen: einen einzigartigen Fluss. Diese Absicht haben sie im Schlussdokument niedergeschrieben:

„Als brasilianische Staatsbürgerinnen und Staatsbürger wenden wir uns an die Öffentlichkeit, um der Gesellschaft und den Verantwortlichen auf Bundes-, Landes- und Gemeindeebene unsere Entscheidung mitzuteilen, dass wir unser Recht in Anspruch nehmen werden, damit unsere Kinder und Enkel auch in Würde leben können, dass wir unsere Heimat und Territorien, unsere Kulturen und Traditionen bewahren und unsere Vorfahren, die uns eine wohlbehaltene Umwelt hinterlassen haben, in Ehren halten.

Wir lehnen den Bau von Staudämmen, ob groß oder klein, am Xingu und seinen Nebenflüssen ab und kämpfen weiter gegen ein sozial ungerechtes und umweltzerstörendes Entwicklungsmodell, das bereits durchgesetzt wird, etwa durch die zunehmende Spekulation mit öffentlichem Land, durch die Errichtung illegaler Sägewerke, durch heimlichen Bergbau, der unsere Flüsse vergiftet, durch die Ausdehnung der Monokulturplantagen und der Viehzucht, die unsere Wälder zugrunde richten. *Der Xingu soll für immer leben!*"

Wajanga, „aus den Menschen ausgewählt und für die Menschen eingesetzt zum Dienst“ (Hebr 5,1)

Das Kleinflugzeug ist sicher auf einer Waldschneise in der Nähe von Moikarakô gelandet. Überaus herzlich ist der Empfang durch Kupatô und Motê. Die beiden sind Kaziken der Indios Kayapó. Die Gemeinschaft hat sie aus ihrer Mitte gewählt, als Leiter und politische Sprecher, die das Volk nach außen vertreten, Beziehungen zu anderen Dörfern und Ethnien pflegen und die Anliegen ihrer Gruppe bei Treffen der regionalen und nationalen indigenen Bewegung einbringen. Innerhalb der Aldeia treffen sie mit den Ältesten die Entscheidungen, geben bei Festen und Ritualen den Ton an und kümmern sich um eine friedliche Beilegung von Zwistigkeiten. Das Zusammenleben zwischen Jung und Alt, Groß und Klein ist vom Dialog geprägt. Tagelang dauern manche Versammlungen an, bis alle Gehör finden. Tänze, Gesänge und Zeremonien begleiten die Beratungen.

Kupatô und Motê haben nun die ehrenvolle Aufgabe, mich von der Landepiste in das Dorf zu den anderen zu geleiten. Zuvor noch ein Willkommensgruß von Pater Pino und Bruder Raymundo. Erwartungsvoll kommen uns Kinder und Frauen entgegen. Auf meine Frage „Djãm gari mex kumrêx?“ (Geht es euch denn wirklich gut?) antworten die Frauen mit einem Lächeln: „Tam, mex kumrêx.“ (Ja, wirklich gut.)

Die Männer eröffnen den Tanz. Ich schaue zu. Kupatô winkt mich herbei, damit ich mich in den Kreis der tanzenden Indios einreihe. Ich versuche mein Bestes, passe mich dem Rhythmus der Schritte nach vorn und nach hinten an. Es gelingt mir, den stampfenden Tritt mit dem rechten Fuß auf den Lehmboden nachzuahmen. Beim dröhnenden Schlussschrei „uááá hhh“ lasse ich meinen Bariton so mächtig erklingen, wie es die Stimmbänder hergeben. Kupatô war mit meiner Darbietung zufrieden. Das beweist sein lächelndes Gesicht. Feierlich lädt er mich nun in das Haus der Krieger ein. Es steht inmitten des großen ovalen Dorfplatzes, um den die Hütten errichtet sind. Nach der offiziellen Begrüßung durch die Kaziken gilt die ganze Aufmerksamkeit meiner Tasche. Insgeheim hoffen alle, dass ich auch diesmal wieder Geschenke mitgebracht habe: Angelhaken und Tabak für die Männer, bunte Glasperlen für die Frauen. Ihre Armbänder und Halsbänder, in die sie traditionelle Muster weben, sind wahre Kunstwerke. Nachdem Kupatô und Motê die Geschenke verteilt haben, ergreifen sie das Wort. Die anderen Männer schweigen. Dann bitten mich die Indios um meine Stellungnahme zu ihren Anliegen und staunen über meine Kayapó-Sprachkenntnisse. Hin und wieder ergänzt ein Kazike meinen Bericht. Aufmerksam lauschen die Indios meinen Ausführungen. Manchmal nicken sie zustimmend, dann lächeln sie verschmitzt und bekräftigen meine Aussage mit einem lauten „Mex kumrêx".

Ich verabschiede mich und gehe zur Hütte der *Wajanga*. Manche übersetzen dieses Wort mit Medizinmann oder Schamane. Hinter diesem Begriff verbirgt sich aber eine ganze Kosmologie und Mythologie. *Wajanga* ist ein Mensch, der vom Geist erfüllt ist oder mit ihm in Verbindung steht. Er kennt die Geheimnisse der Natur und hat die besondere Gabe, Medizin aus Wurzeln, Pflanzen und Rinden zu gewinnen und zu verabreichen. Mehr noch, *Wajanga* ist die Brücke zwischen dem Überirdischen und der Welt der Kayapó, die in Moikarakô, Gorotire, A'Ukre, Kokraimoro, Kubenkrãkein oder an einem anderen Ort leben. Ein unantastbares, heiliges Tabu umhüllt diese Person. Außerhalb ihrer Welt nennen die Kayapó nur einen katholischen Priester *Wajanga*. Diese wunderbare Deutung des Priesters, der mit dem Heiligen Geist verbunden und von ihm erfüllt ist, erinnert mich an den Vers im Hebräerbrief über den Hohepriester, der „aus den

Menschen ausgewählt und für die Menschen eingesetzt, zum Dienst vor Gott" (Hebr 5,1), „von Gott berufen" (Hebr 5,4) ist.

Ein Bischof ist für die Kayapó der oberste Kazike der Priester, und wenn sie „Wajanga benjadjwyr rax" zu mir sagen, bekunden sie damit ihr Hierarchieempfinden. In der zwischenmenschlichen Beziehung rückt der Titel allerdings in den Hintergrund. Was zählt, sind gegenseitiger Respekt, Aufmerksamkeit, Zuwendung und Wertschätzung.

Der Weg zur Hütte der *Wajanga* führt am Haus von Kupatô vorbei. Moiangri, seine Frau, wartet schon ungeduldig davor. Sie ist glücklich, dass ich wieder in Moikarakô bin, und will mich persönlich begrüßen. Überschwänglich klopft sie mir in der Art der Kayapó auf die obere Brusthälfte. Der *abraço*, die sonst in Brasilien übliche Umarmung, ist hier nicht Brauch.

Moiangri sprudelt wie ein Wasserfall und ich habe Mühe, sie zu verstehen. Mehrmals wiederholt sie *i kra*, mein Sohn, und klopft mir immer noch auf die Brust. Von nun an soll ich *nhirwa*, Mama, zu ihr sagen. Und weil eine Mutter den Namen für ihr Kind auswählt, tut sie das auch für mich. *Bep Pôiti* heiße ich jetzt bei den Kayapó. *Bep Pôiti, Bep Pôiti, Bep Pôiti* übe ich, bis Moiangri mit meiner Aussprache zufrieden ist. Nun gehöre ich zur Familie und bin noch mehr als ein Verwandter. Schon vor Jahren erklärte einer der Kaziken: „Der Bischof ist kein Weißer, er ist unser Verwandter." Die Indios machen sehr wohl einen Unterschied zwischen den Weißen, die sie respektieren und lieben, und jenen, die sie missachten, bedrohen und ihren Lebensraum zerstören.

Wenige Schritte, und wir stehen vor der Hütte der *Wajanga*. Stolz weisen mich die Kaziken auf den traditionellen Stil hin: ein Lehmbau mit steilem Dach aus Palmblättern. Selbst zu Mittag ist es im Inneren angenehm kühl. Pater Pino, ein Italiener, und Raymundo, ein Bruder aus Mexico, gehören beide zur Gemeinschaft der Xaverianer. Seit Jahren teilen sie das einfache Leben mit den Indios. Raymundo hat indigene Vorfahren, wie seine Gesichtszüge erkennen lassen. Darum wurde er bei seiner ersten Ankunft in der Aldeia wie ein Kayapó empfangen. Santiago war einige Zeit der Dritte im Bunde der Missionare. Leider starb der junge Diakon aus Spanien im August 2000. Er erlitt am Flussufer einen Schwächeanfall, fiel ins Wasser und ertrank. In der Aldeia herrschte große Trauer. Die Totenwache für ihren Santi, wie sie ihn nannten, gestalteten die Indios nach ihrem jahrhundertealten Ritus.

Das Haus der *Wajanga* ist sehr spärlich eingerichtet, die Möbel sind schlicht, aber recht zweckmäßig. Im ersten Raum stehen entlang der Wände zwei Bänke. Die Höhe vom Fußboden, der aus Lehm gestampft ist bis zur Sitzfläche, nimmt auch auf die Kinder Rücksicht. Neben der Feuerstelle ein paar Kisten. In einer ist Holz aufgestapelt, in der anderen liegen Werkzeuge. Ein Brett über der dritten Kiste bietet eine weitere Sitzgelegenheit, dient als Arbeitsfläche. Auf einer Bank liegt ein dickes, abgegriffenes Album mit vielen Fotos. Besonders die Kinder lieben es, im Album zu blättern, und sie kennen jede Person, auch auf den Gruppenbildern mit Dutzenden bemalten Gesichtern. Im zweiten Raum ein Tisch mit vier Hockern. Hier nehmen Pino und Raymundo die Mahlzeiten ein und feiern täglich, frühmorgens, die Eucharistie. So manchen Brief an ihre Lieben in der fernen Heimat haben sie auf dem Tisch verfasst oder Berichte für den Bischof und den Indigenen Missionsrat in Brasília geschrieben.

An einer Seitenwand baumeln die eingerollten Hängematten. An der Stirnwand sind einige ungehobelte Bretter befestigt und dienen als Regal für Bücher und Zeitschriften. Darunter stehen Dosen und Kartons mit Habseligkeiten und unentbehrlichen Lebensmitteln wie Salz, Zucker, Speiseöl, Kaffee und Tee.

Das berühmte Bildnis Unserer Lieben Frau von Guadalupe ziert die lehmfarbene Wand gegenüber. Daneben sehe ich eine kleine Tasche. Sie ist sehr kunstvoll aus Bast geflochten. „Darin ist das Allerheiligste aufbewahrt", flüstert mir Pino zu. Das farbenprächtige Gnadenbild der Schutzpatronin von Mexico und Lateinamerika hat Raymundo mitgebracht. Beim Anblick dieses

Bildes empfinde ich wieder die Freude und Ergriffenheit wie damals, als ich in der Basilika Unserer Lieben Frau in Ciudad de Mexico die Eucharistie feierte. Fast alle Menschen, die zum Gottesdienst gekommen waren, hatten indigene Gesichtszüge.

Mehr als 20 Millionen Gläubige von nah und fern pilgern alljährlich zu diesem größten Wallfahrtsort der Welt und bitten um Beistand und Segen der Jungfrau von Guadalupe. Die katholische Kirche feiert ihr Fest am 12. Dezember. An diesem Tag im Jahr 1531 hat sich die Muttergottes zum vierten und letzten Mal auf dem Tepeyac gezeigt, einem Hügel unweit von Tenochtitlan, der Hauptstadt des Aztekenreiches.

Es ist Samstag, 9. Dezember, frühmorgens, als ein 57-jähriger Indio vom Volk der Chichimeca auf dem Weg in die Kirche ist. Er heißt Juan Diego Cuauhtlatohuac, was übersetzt „der Adler, der spricht" bedeutet. Am Fuß des Hügels vernimmt er eine wunderbare Melodie, schöner als der Gesang aller Vögel, die er jemals gehört hat. Eine sanfte Stimme ruft nach ihm: „Juanito, Juan Dieguito!", und der verwunderte Indio steigt erst zögernd, dann schnellen Schrittes den Hügel hinauf. Auf der Kuppe des Berges erstrahlt in hellem Licht eine liebliche Frau. Ihr Kleid ist wie die Sonne, der Fels unter ihren Füßen ist übersät mit Edelsteinen, und aus den Nebeln erhebt sich ein prächtiger Regenbogen. „Hab keine Angst, komm näher, mein Juanito", gebietet ihm die Frau. Demutsvoll sinkt der Indio vor der Erscheinung auf die Knie und lauscht ehrfürchtig ihren Worten. „Ich bin die Jungfrau Maria, die Mutter Gottes, des Schöpfers aller Menschen, des Herrn des Himmels und der Erde. Ich wünsche, dass hier ein Heiligtum errichtet wird, in dem Gott gepriesen und verherrlicht wird. Hier will ich den Menschen all meine Liebe, mein Erbarmen, meine Hilfe, meinen Trost erweisen. Ich leide mit euch, bin eure Mutter, deine und die aller Menschen in diesem Land. Ich bin die Mutter auch aller anderen Völker, die mich lieben, zu mir rufen und auf mich vertrauen. An diesem Ort werde ich ihre Klagen hören, ihre Trauer mitempfinden, um sie zu heilen und all ihr Leiden, ihr Elend und ihren Schmerz zu tilgen." Juan Diego ist ergriffen von der Botschaft. „Geh zum Bischof von Mexico und sag ihm, dass ich dich schicke und wie sehr ich wünsche, dass er mir hier auf der Hochebene ein Heiligtum errichtet. Erzähle ihm alles, was du hier gesehen und gehört hast. Ich werde dich reichlich belohnen und dir alle deine Mühen vergelten."

Juan Diego eilt sofort zum Bischof Juan de Zumárraga, muss aber lange warten, bis er vorgelassen wird und Gehör findet. Ungläubig schüttelt der Bischof den Kopf, als er die seltsame Nachricht hört, und schickt den Indio weg. Traurig geht Juan Diego zurück an den Ort der Erscheinung. Wieder begegnet ihm die Jungfrau Maria, die ihn ermutigt, am nächsten Tag den Bischof noch einmal aufzusuchen. Doch dieser fordert ein Zeichen als Beweis. Erneut geht der Indio zum Hügel und beklagt seine liebe Not mit dem Bischof. „Komm morgen wieder, ich werde dir ein Zeichen geben", verspricht ihm die Jungfrau Maria. Doch am nächsten Tag kann Juan Diego nicht kommen. Sein schwer kranker Onkel Juan Bernardino bittet ihn, einen Beichtvater zu holen und dann an seinem Bett zu wachen. Bangen Herzens begibt sich der Indio tags darauf zum Hügel und ist glücklich, die Königin des Himmels wieder zu sehen. Sie ruft ihn auf die Spitze des Berges, wo ein Meer von wohlriechenden Rosen vor seinen Augen erblüht, trotz des kargen Bodens und der kalten Jahreszeit. „Mein Kind, diese Blumen sind das Zeichen für den Bischof", sagt die Mutter Gottes und wiederholt ihren Wunsch nach einem Heiligtum an diesem Ort. Juan Diego verliert keine Zeit, pflückt so viele Blumen, wie sein Umhang fassen kann und eilt in die Stadt. Geduldig wartet er auf die Begegnung mit dem Bischof. Juan de Zumárraga will nun den Beweis. Und als Juan Diego den Umhang öffnet und die Rosen auf den Boden streut, erstrahlt auf der Innenseite des Umhangs ein farbenprächtiges Bild der Jungfrau Maria. Der Bischof fällt auf die Knie, bittet um Verzeihung für sein Misstrauen und seine falschen Verdächtigungen und bestätigt die wundersame Genesung des Onkels, Juan Bernardino. Das Bild wird zunächst in der Kapelle des Bischofssitzes aufbewahrt und zwei Wochen später feierlich zur Kapelle gebracht, die bereits am Ort der Erscheinung errichtet wurde.

Die ersten Aufzeichnungen über das Wunder von Guadalupe verfasste Antonio Valeriano Mitte des 16. Jahrhunderts. Sein Bericht ging verloren. Gesichert ist hingegen der Text von Luys Lasso de la Vega aus dem Jahr 1649. Das in Nahuatl geschriebene Dokument ist nach den ersten beiden Worten benannt: Nican Mopohua („Hier wird erzählt").

Historiker, Ärzte, Fotografen, Biophysiker, Chemielaboranten und Archivare haben in den vergangenen knapp 500 Jahren Dutzende Untersuchungen, jeweils nach dem aktuellsten Stand wissenschaftlicher Erkenntnisse, vorgenommen. Ihre Gutachten kamen stets zum gleichen Ergebnis: Das Bild auf der Tilma, wie die Indios den Umhang nennen, ist kein von Menschen geschaffenes Gemälde. Bis heute leuchten die Farben kräftig und frisch, haben weder pflanzlichen, mineralischen noch tierischen Ursprung. Selbst das Gewebe der Tilma, die aus Kaktusfasern hergestellt wurde, zeigt keinerlei Alterserscheinung. Weder der Rauch und das Licht der Millionen entzündeten Kerzen noch ein ausgelaufenes säurehältiges Reinigungsmittel, noch ein Bombenanschlag im Jahr 1929 konnten dem Gnadenbild etwas anhaben. Heute ist die Tilma hinter einer Glasplatte geschützt, damit auch künftige Generationen das Bildnis unserer Lieben Frau von Guadalupe verehren können. Am 30. Jänner 1995 stand ich inmitten einer Schar von Pilgern vor diesem wundervollen Bild. Ich fand keine Worte, sprach kein besonderes Gebet, sah hinauf zur Mutter Jesu mit indigenem Antlitz und versprach ihr im tiefsten Herzen meine ewige Liebe. Die Eucharistiefeier habe ich damals für das Volk am Xingu gefeiert.

Sehr zur Freude der Mexicaner und Lateinamerikas wurde Juan Diego am 6. Mai 1990 von Papst Johannes Paul II. seliggesprochen. Der Vatikan hat für die Vorbereitung unter anderem die 1666 veröffentlichten *Informaciones Jurídicas* mit den Aussagen von zwanzig Zeitzeugen herangezogen. Bei seiner fünften Reise nach Mexico spricht der Papst am 31. Juli 2002 erstmals einen Indio heilig: Juan Diego. Sein Fest wird am 9. Dezember gefeiert, an dem Tag, als ihn die Gottesmutter in der Nähe von Ciudad de Mexico für eine besondere Mission auserkoren hat, mit den Worten „Du wirst mein Bote sein, auf dich setze ich mein ganzes Vertrauen", wie uns Nican Mopohua überliefert.

Raymundo kennt viele Berichte über die Wunder von Guadalupe, die seine Landsleute von Generation zu Generation weitererzählen.

O Gott, du hast uns die Heilige Jungfrau Maria als fürsorgliche und beschützende Mutter geschenkt, gewähre den Völkern Lateinamerikas, die sich heute ihres Beistands erfreuen, die Gnade, im Glauben zu wachsen und auf dem Weg der Gerechtigkeit und des Friedens den ersehnten Fortschritt zu erlangen.

Über Moikarakô bricht allmählich die Nacht herein. Wir rollen die Hängematten aus. Vor dem Einschlafen gibt es fast immer dasselbe Erlebnis. Zuerst wird ein wenig geschaukelt und geplaudert. Dann verstummt plötzlich einer. Man hört kein Wort mehr von ihm, nur noch das gleichmäßige tiefe Atmen. Schließlich ist nur noch einer wach. Er stellt vielleicht noch eine Frage, erhält aber keine Antwort. Was bleibt ihm anderes übrig, als einzuschlafen.

Ich spüre noch keine Müdigkeit, drehe mich und strecke mich diagonal in der Hängematte aus, bis ich bequem liege. Eine beschauliche Ruhe hat sich über die Aldeia gebreitet. Der Mond ist aufgegangen und taucht die Welt in fahles Licht. Sein bleicher Glanz dringt durch die Ritzen und Fugen der Hütte der *Wajanga*.

Ein tiefes Schweigen umfängt uns, die schlafenden Kayapó in ihren Hütten in der Nachbarschaft, aber auch mich und meine Mitbrüder in den Hängematten gleich nebenan. Ich lasse meinen Gedanken freien Lauf.

Hier in Moikarakô, wie könnte es anders sein, denke ich an die indigenen Völker dieses Erdteils unter dem Kreuz des Südens, an ihre leidvolle Vergangenheit, an die gegenwärtigen Angriffe, an das immer wieder aufflackernde Feuer der Wut und Missgunst von Seiten der Großgrundbesitzer und skrupellosen Ausbeuter der Naturreichtümer in indigenen Gebieten.

Neben den Kayapó leben auch Arara, Assurini, Araweté, Apyterewa, Curuaya, Juruna, Panara, Kararao, Kuruaya, Menkragnoti, Menkranotire, Parakanã, Xikrim und Xipaia im Gebiet der Prälatur. Leider gehören fast alle diese Gemeinschaften zu jenem Drittel der 210 indigenen Völker in Brasilien mit weniger als 200 Angehörigen. Sie sind die Nachfahren einst starker Völker, die vor dem Beginn der Eroberung durch die Portugiesen mindestens fünf Millionen Menschen zählten. Damals gab es rund 1300 indigene Sprachen. Dieser kulturelle Reichtum ging mit der Auslöschung ihrer Gemeinschaften verloren. Die bis heute lebendig gebliebenen 180 indigenen Sprachen werden zwei linguistischen Stämmen zugeordnet: dem Tupi mit zehn Sprachfamilien und dem Macro-Jê mit neun Sprachfamilien. Dazu gibt es aber noch 19 weitere Sprachfamilien – eine davon ist die Sprache der Arara am Xingu –, die zu wenige Gemeinsamkeiten für eine Zuordnung haben.

Die Sprache der Kayapó gehört zum Stamm Macro-Jê, mit 16 Konsonanten und 17 Vokalen, die in die Länge gezogen werden, um die Bedeutung und Wichtigkeit oder Steigerungsform des Wortes auszudrücken. Die Sprache der Assurini, Araweté, Parakanã ist eine Form des Tupi.

Die Guarani-Kaiowá, das größte indigene Volk Brasiliens, mit knapp 40.000 Personen, sprechen Guarani, in der Linguistik ebenfalls unter dem Sprachstamm Tupi erfasst. Diese Gemeinschaft lebt im Bundesstaat Mato Grosso do Sul, zusammengepfercht in einem viel zu kleinen Gebiet, leidet unter Hunger, Gewalt, Vorurteilen und mangelnder Unterstützung als Folge der

Missachtung ihres Rechts auf Land. Die Guarani-Kaiowá verbinden mit dem Land den Sinn des Lebens. Es ist ihre geliebte Mutter, ihre Verbindung zum Schöpfer, ihr Ort für heilige Stätten. Hier beerdigen sie ihre Toten, pflegen ihre Riten und geben die tausendjährigen Weisheiten an die Jugend weiter. Land darf nicht wie eine Ware veräußert, nicht durch übermäßige Bewirtschaftung zerstört werden. Wird ein Guarani-Kaiowá von seinem Land vertrieben, verliert er nicht nur den Boden unter den Füßen, sondern auch die Orientierung, seine Hoffnung auf Zukunft.

Obwohl ihnen die Bundesverfassung die Nutznießung ihrer traditionellen Territorien garantiert, die sich in Mato Grosso do Sul auf mehr als drei Millionen Hektar erstrecken, stehen den Gemeinschaften weniger als 40.000 Hektar zur Verfügung. Das ist knapp ein Hektar Land für einen Indio. Dabei liegen in diesem Bundesstaat acht Millionen Hektar Ackerland ungenutzt brach. Hinzu kommen 80 Millionen Hektar Weideflächen für 20 Millionen Stück Vieh. Demnach kann ein Rind auf drei bis fünf Hektar grasen. Und dennoch eignen sich Großgrundbesitzer, Landspekulanten, Holzfirmen und internationale Rohstoffunternehmen weitere indigene Territorien an, um noch mehr Vieh auf die Weide treiben zu können, um noch üppigere Eukalyptusbäume zu ziehen, um noch riesigere Plantagen mit Soja und Zuckerrohr anzulegen. Die Monokulturen laugen die Böden aus und schädigen nachhaltig das ökologische Gleichgewicht. Die Produktion ausweiten, die Rentabilität steigern und Gewinn anhäufen ist das Credo dieser wirtschaftlich Mächtigen.

Wer sich ihrem Streben nach vermeintlichem Fortschritt in den Weg stellt, wird eingeschüchtert, bedroht, diffamiert, verfolgt oder gar getötet. Dabei machen sich diese selbsternannten Gebieter über Leben und Tod nicht selbst die Hände schmutzig. Als Vollstrecker ihrer Todesurteile heuern sie Pistoleiros oder private Sicherheitskräfte an, die mit erschreckender Kaltblütigkeit zu Tode prügeln, mit dem Buschmesser angreifen, erhängen, das Opfer mit Kugeln durchsieben oder vergewaltigen, bevor sie den

Todesstoß versetzen. Die abscheulichen Verbrechen an indigenen Kindern, Frauen, Männern und Greisen begehen sie sogar am helllichten Tag vor den Augen von Kindern, Frauen, Nachbarn oder anderen Zeugen. Eine Strafverfolgung fürchten sie nicht, denn sie wissen, dass ein spitzfindiger Anwalt alle Rechtsmittel ausschöpfen wird, um sie vor dem Gefängnis zu bewahren, selbst wenn sie ein Gericht zu jahrelanger Haft verurteilt.

Cláudio, Gilson, Marcelo, Marina, Márcio, Ramona, Francisco, César, Edson, Mário, Valdir, Lucas, Ademir sind geläufige Namen in Brasilien. Neben diesen dreizehn Namen stehen weitere 35 auf der Liste der 48 Indios Guarani-Kaiowá, die im Jahr 2007 in Mato Grosso do Sul ermordet wurden. Das älteste Opfer war eine 107-jährige Frau, das jüngste Opfer ein 14-jähriger Bub.

In den Statistiken sind diese Opfer bloß eine Zahl, ihre Lebensgeschichte, ihr individuelles Schicksal bleibt verborgen. Und doch ist ihre brutale Ermordung mehr als nur eine statistische Größe. Es ist der schmerzliche Verlust eines Sohnes, einer Tochter, eines Bruders, einer Schwester, eines Vaters, einer Mutter, eines Enkels, einer Nichte, eines Neffen, die einer Familie, einer Gemeinschaft, einem Volk angehörten, das seit Jahrzehnten um ihr traditionelles Land betrogen wird. Und sogar den Toten verweigert man die gebührende Achtung.

Am 6. Jänner 2007 besetzen 50 Familien Guarani-Kaiowá die Fazenda Madama von Wilson und Antônio Vendramini. Das Anwesen der beiden erstreckt sich auf einem Teil des indigenen Gebietes Kurusu Ambá, für dessen verfassungsgemäße Regelung sich die Indios seit den 1980er Jahren einsetzen. Um dieser Forderung mehr Nachdruck zu verleihen, organisiert die Gemeinschaft eine so genannte Rückgewinnung. Zwei Tage nach dem Beginn der Besetzung schießen an die 40 schwer bewaffnete Männer, Sicherheitskräfte der Fazenda und Pistoleiros, auf die friedlich lagernden Guarani-Kaiowá, um sie zu vertreiben. Beim Angriff kommt die 70-jährige Xuretê Lopes ums Leben, vier Indios werden verletzt. „Es war ein gezielter Schuss in die Brust aus nächster Nähe", bestätigt Monate später ein Anwalt, den die Brasilianische Anwaltskammer mit der Beobachtung der polizeilichen Ermittlungen betraut hat.

Xuretê Lopes stellte sich den Pistoleiros mutig in den Weg, und diese haben ihr nicht nur den Traum, sondern auch ihr Leben genommen. Sie träumte von der Rückkehr in ihr Land, auf dem sie geboren wurde. In einem Autobus bringt man sie und die anderen Indios in das Lager zurück, das die Familien Monate zuvor entlang der Straße eingerichtet haben. In zwei Verfahren lehnen die Gerichte eine Beerdigung in Kurusu Ambá ab. So vergehen fünf Tage, bis sie provisorisch in fremder Erde bestattet wird. Die Staatsanwaltschaft versichert, dass sie innerhalb von sechs Monaten an ihrem Geburtsort beigesetzt werde. Es bleibt bloßes Versprechen, und die Indios warten noch immer darauf, ihre Märtyrerin in Heimaterde zu begraben.

Was indessen im Fall der Rückgewinnung von Kurusu Ambá acht Monate später geschieht, ist skandalös, absurd und steht völlig im Widerspruch zur Bundesverfassung. Die Kammer von Amambai verurteilt die indigenen Vertreter Rubens Ramão Rocha Ajala, Cassimiro Batista und Antônio Barrio wegen Erpressung, Diebstahl und Geiselnahme zu 17 Jahren Gefängnis. Wird Anklage gegen einen Indio im Kontext einer Landnahme erhoben, ist die Bundesjustiz zuständig, was aber in diesem Fall missachtet wurde. Bei der Beurteilung ließ sich der Richter von den Aussagen der indigenen Gegner beeinflussen, deren einziges Interesse die Verhinderung der Gebietsregelung ist. Sie waren es auch, die seinerzeit die Guarani-Kaiowá angegriffen haben. Für dieses Verbrechen werden sie nicht zur Verantwortung gezogen, auch nicht der Mörder von Xuretê Lopes, den mehrere Zeugen eindeutig identifizierten. „Täter unbekannt", heißt es in den Ermittlungsakten, und dieser Eintrag wird wohl kaum geändert werden.

„Unsere Gebiete werden von anderen beansprucht, werden verkleinert, und unser Überleben ist bedroht. Wir leben im Elend und trauern um unsere Vertreter, die kaltblütig von jenen getötet wurden, die unser Land rauben, das für uns das Leben ist in diesem großen Brasilien, das sich als christliches Land bezeichnet. Heiliger Vater, tragen Sie diese unsere Klage, unseren Schrei, unsere Stimme in die Welt hinaus, damit wir auch von anderen gehört werden. Unsere indigene Nation verschwindet aus Brasilien." Fast 30 Jahre sind seit dem aufrüttelnden Appell von Marçal Tupã-i an den Papst am 10. Juli 1980 in Manaus vergangen. Diese Worte des indigenen Vertreters Guarani-Kaiowá haben an Aktualität nichts eingebüßt. Am 25. November 1983 wird er in der Aldeia Campestre erschossen, weil er sich jahrelang für die Regelung und Anerkennung der Gebiete seines Volkes eingesetzt hat. Kurz vor seinem gewaltsamen Tod versuchte man ihn mit Geld zu bestechen, damit er den Abzug der Indios aus dem Gebiet Pirakuá unterstütze. „Ich stehe auf einer Todesliste. Aber andere werden sich mit dem gleichen Idealismus erheben und diese Arbeit weiterführen", sagt er nach wiederholter Morddrohung. Allen Angriffen zum Trotz sind viele seinem Beispiel gefolgt und opferten ihr Leben, wie uns die Berichte des Indigenen Missionsrates – CIMI über die Gewalt gegen die indigenen Völker drastisch vor Augen führen. Wie das Jahr davor steht der Bundesstaat Mato Grosso do Sul 2008 mit 40 Ermordeten wieder an erster Stelle der tragischen Bilanz.

Doch die Gemeinschaften in Mato Grosso do Sul beklagen nicht nur die Morde, sondern auch viele andere Aggressionen gegen ihr Leben. Weil ihnen Land für die Bewirtschaftung fehlt, sind Hunderte Familien auf Lebensmittelkörbe angewiesen. Als die Regierung des Bundesstaates im ersten Quartal 2008 um 100.000 Lebensmittelkörbe weniger ausliefert, verhungern noch mehr Kinder und die Zahl der Unterernährten steigt sprunghaft an. Dabei war die Kindersterblichkeit in dieser Region vorher schon viermal höher als in anderen Landesteilen, und die Erkrankungen infolge von Fehl- und Mangelernährung liegen um 80 Prozent über dem Landesdurchschnitt. Das ist nicht verwunderlich, wenn man den Inhalt der monatlichen Zuwendung an die Indios unter die Lupe nimmt. Ein Lebensmittelkorb enthält zehn Kilo Reis, fünf Kilo Bohnen, zwei Kilo Zucker, zwei Kilo Mehl, ein Kilo Milchpulver, zwei Flaschen Pflanzenöl und ein Kilo Teigwaren. Aus diesen Zutaten lassen sich keine Gerichte zubereiten, die eine gesunde Entwicklung von Kindern und Jugendlichen fördern. Ein Jahr später wiederholt sich die Tragödie. Die Regierung streicht 18.000 Lebensmittelkörbe und verzögert die Verteilung der so notwendigen Hilfe.

Um die größte Not von ihren Familien abzuwenden, verlassen immer mehr Männer die Gemeinschaft und verdingen sich auf einer Zuckerrohrplantage. Die Ausbeutung der menschlichen Arbeitskraft lässt sich kaum ermessen. Mindestens zehn Tonnen müssen täglich geschnitten werden, mit etwa 30 Sichelhieben pro Minute. Dafür gibt es am Monatsende umgerechnet zwischen 120 und 150 Euro, bei einer Leistung bis zu 15 Stunden täglich, von Montag bis Sonntag. Für die von den Firmen zur Verfügung gestellten Unterkünfte ist das Wort Baracke noch eine zu noble Bezeichnung. Wenn die Behörden dann wieder einmal ein Unternehmen aufspüren, das Arbeiter unter Bedingungen der Sklaverei hält, sind die Inspektoren entsetzt über die menschenunwürdige Behandlung. Die Viehställe der Großgrundbesitzer sind komfortabler.

Es ist zu befürchten, dass in nächster Zeit noch viele Indios ausgebeutet werden. Beabsichtigt ist eine Ausdehnung der Anbaufläche für Zuckerrohr von 150.000 Hektar auf eine Million Hektar, um den Weltmarkt mit Ethanol zu bedienen, das künftig vermehrt dem Benzin beigemischt wird. Für die Verarbeitung des Zuckerrohres ist der Bau von 60 Raffinerien mit internationaler Beteiligung geplant. Und wieder tragen die Schwächsten der Gesellschaft die Lasten des ungebremsten Rohstoffverbrauchs in anderen Ländern.

Werden die Guarani-Kaiowá angesichts dieser Pläne wohl je wieder ihre traditionellen Territorien in Besitz nehmen dürfen, wie ihnen die Bundesverfassung und internationale Abkommen garantieren? Wann werden sie aus den elenden Lagern entlang der Straßen zurückkehren in das Land, das ihnen ihre Ahnen als Erbe anvertraut haben?

Die Hoffnung darauf ist vor allem in den jungen Indios erloschen. Sie empfinden die territoriale Eingrenzung wie einen Kerker, sehen keine Perspektiven für ihre Zukunft und wählen die Selbsttötung als einzigen und zugleich letzten Ausweg. Laut Indigenem Missionsrat – CIMI haben 34 Indios im Jahr 2008 und 22 Indios im Jahr 2007 ihr Leben selbst beendet, darunter mehr als die Hälfte unter 18 Jahren. Mit dem Verlust des Landes als Zentrum ihrer Kultur kommt es zur Auflösung sozialer Organisationsformen. Werte und Ordnungssysteme geraten aus den Fugen, die spirituellen Bande zu den Vorfahren zerreißen. Landmangel bedeutet auch fehlenden Raum für Rituale und Feste, die das kollektive kulturelle Gedächtnis wach halten, die den Zusammenhalt der Gemeinschaft garantieren. Infolge dieser Einflüsse stellen sie ihre Identität als Guarani-Kaiowá in Frage. Als letzte und einzige Hoffnung bleibt das Verlangen, die Sehnsucht nach dem Land ohne Böses (Yvy marã ei) in einer anderen Welt zu stillen.

Vor drei Jahrzehnten haben Dom Pedro Casaldáliga, ehemals Bischof von São Félix do Araguia, und Pedro Tierra dieses Suchen der indigenen Völker in der „Messe für ein Land ohne Böses" mit beeindruckenden Texten nachgezeichnet. In den Gesängen werden die Märtyrer Lateinamerikas seit den Tagen der Herrschaft des sagenumwobenen Montezuma in Mexico bis zum gewaltsamen Tod von Pater João Bosco Burnier am 12. Oktober 1976 in Brasilien angerufen.

Der Jesuit starb am Festtag Unserer Lieben Frau von Aparecida, der Schutzpatronin Brasiliens, in einer Klinik in Goiânia. Tags zuvor besuchte er mit Dom Pedro die Gemeinde Ribeirão Bonito. Als die beiden auf dem Weg zur Kirche beim Gefängnis vorbeikommen, vernehmen sie die herzzerreißenden Schreie von Frauen. Es sind Margarida und Santana, die schreien, klagen, stöhnen und wimmern, weil sie von vier Militärpolizisten gefoltert werden. Ein Großgrundbesitzer rief die Militärs, um sich mit deren Hilfe das Land der Familie anzueignen. Den Mann konnten sie nicht finden, und so haben sie kurzerhand seine Frau und deren Schwester verhaftet. Pater João Bosco will den Misshandelten zu Hilfe kommen. Ein Militärpolizist stellt sich dazwischen, schlägt ihn zu Boden und schießt ihm in den Kopf. Der Verwundete wird in ein Krankenhaus geflogen, erliegt dort aber seiner schweren Verletzung.

Peinigung und Marter hat während der Diktatur auch der Schriftsteller Pedro Tierra in Gefängnissen in Anápolis und São Paulo erfahren. Er galt als Gefahr für die Nationale Sicherheit und war acht Monate lang im Oban/DOI-CODI – in den schlimmsten Folterkammern des Landes – in Verwahrung. Sein Schmerz und die Trauer von Dom Pedro um den geliebten Freund schwingen von der Eröffnung bis zum abschließenden maran 'athâ' mit. Die Musik komponierte der Argentinier Martín Coplas, mit indigenen Vorfahren vom Volk der Quetchua und Aymara. Die Uraufführung des Werkes fand am 22. April 1979 in São Paulo statt. An diesem Tag im Jahr 1500, als der Portugiese Pedro Alvarez Cabral erstmals brasilianischen Boden betrat, begann der bis heute andauernde Kreuzweg für die indigenen Völker des Landes. Wider alle Todesmechanismen hoffen sie auf das Land ohne Böses:

„Amerika, Amerindia, noch auf dem Leidensweg:
eines Tages wandelt sich dein Tod in Auferstehung! (…)
Die Armen dieser Erde
wollen dieses Land ohne Böses gestalten,
das jeden Morgen anbricht.
Der Indio Uirás sucht es,
dieses Land.
Maíra, Gerechtigkeit und Frieden
in einem befreiten Land.
Am Ende kommt der Herr."

Das Landproblem der Guarani-Kaiowá in Mato Grosso do Sul steht auch im Zentrum des Films „Birdwatchers – La terra degli uomini rossi" von Regisseur Marco Bechis. Die Uraufführung beim 65. Filmfestival in Venedig im September 2008 fand breites Echo in den internationalen Medien, nicht zuletzt aufgrund der bewegenden Stellungnahmen der fünf indigenen Vertreter, die in der Lagunenstadt zu Gast waren. „Der Indio hat keine Rechte. Für die großen Firmen setzen sich Senatoren, Abgeordnete und Richter ein, nicht aber für den Indio. Die Selbsttötungen geschehen, weil es keine Gerechtigkeit gibt. Gerechtigkeit gibt es bloß für die Unternehmen, die Milliarden investieren", kritisierte Ambrósio Vilhalva, einer der über 200 indigenen Laiendarsteller. Und Eliane Juca Silva beklagte die dramatische Situation ihres Volkes: „Heute haben wir keine Flüsse für den Fischfang, kein Wasser zum Trinken, weder Land für die Aussaat noch Wälder für die Jagd und auch keinen Ort für unsere Gebete. Wir sind nicht nur Indios, wir sind auch Menschen. Wir haben Kultur, Tradition und Sprache. Wir wollen Möglichkeiten, um zu leben. Obwohl uns einst das Land gehörte, behandeln uns die Großgrundbesitzer als Eindringlinge und vertreiben uns. Ich hoffe, dass die Menschen in Brasilien und im Ausland durch diesen Film besser unsere Realität verstehen. Es werden so viele Lügen über uns verbreitet."

Ach, wie viel Schimpf und Schande müssen diese Indios ertragen, die in armseligen Baracken entlang der Straßen ein elendes Dasein fristen. Wochenlange Hetzkampagnen mit Plakaten, Transparenten und Kundgebungen festigen Vorurteile und Ablehnung seitens der nichtindigenen Bevölkerung. Oft sind die Medien williges Werkzeug und verbreiten unwidersprochen ein falsches, diskriminierendes, rassistisches Bild über die Guarani-Kaiowá, bezeichnen sie als „Wilde", „Faule", „Vagabunden" „Trunkenbolde", „Diebe", „Kriminelle". Die Hasstiraden erreichen den Höhepunkt, wenn administrative Verfahren für die Regelung der traditionellen Gebiete eingeleitet werden. Dann gehen unersättliche Großgrundbesitzer vor Gericht und schwören auf die Bibel, dass auf einem umstrittenen Territorium oder in einer Aldeia nie Indios lebten.

„Und Petrus ging hinaus und weinte bitterlich" (Mt 26,75), als ihn ein krähender Hahn erinnert, dass er den Herrn dreimal verleugnet hat. Großgrundbesitzer, Landspekulanten, Viehzüchter, Holzunternehmer, Sojaproduzenten und all jene, die den Guarani-Kaiowá und anderen Gemeinschaften die indigene Identität absprechen, müssten unentwegt über ihre Gier, ihre Vermessenheit und ihren Stolz klagen, Reue zeigen und einen anderen Weg einschlagen.

Mir ist, als würde ich in der Ferne ein wimmerndes Kind vernehmen. Wie viele hungrige und erschöpfte Kinder weinen sich in diesem Moment in Mato Grosso do Sul wohl in den Schlaf? Ihre Tränen bedrücken mich, schnüren mir das Herz zu.

Wie spät mag es inzwischen wohl sein? Aus den Hängematten kein Laut, nur tiefes Atmen. Irgendwann versinke ich wie meine Nachbarn in den Schlaf. „Uáaahhh", stimme ich in den Gesang der Kayapó ein und stampfe mit dem rechten Fuß auf den Lehmboden – aber diesmal nur im Traum.

Beim ersten Hahnenschrei ist es draußen noch stockdunkel. Ich weiß nicht, in welcher Reihenfolge und Ordnung das stolze Federvieh seine Schnäbel öffnet, um der Welt mal ein krächzendes, mal ein feuriges Kikeriki zu verkünden. Nacheinander ertönt in jedem Winkel des Dorfes ein krähender Hahn. Um meinen Schlaf ist es dennoch nicht geschehen. Der Hahnenschrei hat für viele so ungefähr denselben Einfluss wie der Glockenschlag aus dem Kirchturm. Man vernimmt ihn wohl, schläft aber friedlich weiter. Das Krähen der Hähne war wohl der Weckruf für die Kayapó. Kurz nach vier Uhr früh verkünden die Männer mit ihren rauen Stimmen das Morgenlob. Immer wieder heben sie mit dem Gesang einer neuen Strophe an und brechen jäh ab. Es folgt eine Pause, und wiederum stimmt einer der Männer den tausendjährigen Hymnus an. Die dabei verwendete Sprache ist zum Großteil unverständlich. Anton Lukesch, ein Priester und Anthropologe aus der Steiermark, der lange Zeit bei den Kayapó lebte, erklärt in seinem Buch „Der Tapir, der an der Himmelsstütze nagt", dass die Worte Ausdrücke einer uralten Sprachform sind. Es ist eine Kultsprache, die gerade in ihrer Undeutbarkeit das Geheimnisvolle und das Heilige des Geschehens offenbart.

Die Männer verstummen. Auf einmal setzen andere Stimmen ein. Jetzt singen und tanzen die Frauen. Ihre Stimmen sind sehr hell, sogar schrill.

Es dämmert, als ich mit Pino und Raymundo zum Dorfplatz gehe. Die Frauen und Mädchen sitzen nun aneinandergekauert auf dem Boden. Ein neuer Tag erwacht, für die Kayapó und die ganze Welt. Purpurrot steigt er aus den dunklen Wäldern. Die Morgenröte verwandelt sich rasch in immer hellere Farbtöne. Es wird nicht mehr lange dauern, bis die Sonne ihre ersten Strahlen nach Moikarakô schickt. Mit einem Mal erheben sich die Frauen und Mädchen. In rhythmischem Gang machen sie paarweise oder zu dritt mehrere Runden um den Dorfplatz und singen dabei, während sie ihre Hände immer wieder gen Himmel heben. Männer, Frauen und Kinder gehen nun zurück in ihre Hütten. Die alltäglichen Verrichtungen und Verpflichtungen nehmen ihren Anfang.

Auch wir sind in der Hütte zurück und feiern Eucharistie. Die Kayapó sind keine Christen. Sie wissen aber, dass auch die Wajanga am frühen Morgen ihre Riten zelebrieren. Kaum ein Indio kommt während der Eucharistie in die Hütte, und wenn, dann verneigt er sich stumm und verlässt schweigend den Raum.

Die Kayapó beten zu Gott und preisen ihn auf ihre Weise. Gott hört ihre Hymnen und Lieder, und seine unendliche Liebe umfängt auch diese Menschen. Wir respektieren ihren Glauben, ihr religiöses Empfinden und ihre kulturellen Ausdrucksformen. Wir wollen ihnen das Christentum nicht aufzwingen, wie das früher einmal geschah. Unser Dasein soll ihnen Zeugnis der Liebe Gottes sein. Das Wort Gottes, der Leib und das Blut Christi spenden uns Kraft für den Liebesdienst, um den Indios „die Füße zu waschen" und das Gebot des Herrn zu erfüllen, einander zu lieben, wie er uns geliebt hat (vgl. Joh 13).

Gemeinsam sprechen wir das Gebet des Herrn, meditieren die Worte, die uns Jesus gelehrt hat, und umarmen einander zum Friedensgruß. Wir feiern den Tod und die Auferstehung Christi und wissen, dass Gott immer mit uns ist, mit den Kayapó und allen anderen indigenen Völkern.

Am späten Vormittag verabschiede ich mich. Ein Kleinflugzeug bringt mich nach São Félix do Xingu. Es ist ein langer Abschied. Ich gehe von Hütte zu Hütte, will niemanden vergessen. Wann werde ich wieder in Moikarakô sein? Die Indios fragen mich danach. Überaus herzlich ist die Verabschiedung durch meine Kayapó-Mutter. „Nhirwa, ar'ym ba tem!" (Liebe Mama, jetzt muss ich gehen!) Mütterlich hält Moiangri meine Hand, klopft mir dann auf die Brust und ruft freudestrahlend: „I kra, i kra, Bep Pôiti!"

Das Kleinflugzeug hebt von Moikarakô ab. Während der Pilot eine Schleife über das Dorf zieht, geht mir der letzte Tag bis zum wehmütigen Abschied durch den Kopf. Ich werfe einen letzten Blick auf den Riozinho, der sich durch den Urwald schlängelt und in dem Santi ertrank.

Das Flugzeug gewinnt bald an Höhe und überfliegt etwa fünfzehn Minuten lang ein Meer von Baumkronen, unberührten tropischen Wald. Ipê überragen den Wald und blühen in grellem Gelb, aber auch in zartem Lila. Beide Farben stechen aus dem satten Grün der ewigen Wälder heraus. Ein paar Minuten später bietet sich mir ein untrügliches Bild von dem, was hier „ewig" bedeutet. Das indigene Gebiet hebt sich deutlich von der anderen Welt ab. Die Grenze scheint auf dem Reißbrett gezogen zu sein. Hier noch Regenwald, dort beinahe alles kahl geschlagen.

Es ist Trockenzeit. Von den letzten Waldbeständen steigt Rauch auf. Wie ein Filter liegen die Rauchschwaden über den lichterloh brennenden Bäumen und lassen die Feuer rot erscheinen.

Rote Flammen, keine roten Blumen.

„Ich bin, der mit euch ist" (Ex 3,14)

„Gott Abrahams, Gott Isaaks, Gott Jakobs – nicht der Philosophen und Gelehrten! Gott Jesu Christi! Man findet und bewahrt IHN nur auf den Wegen, die im Evangelium gelehrt werden." Diesen Text, auf einen Pergamentstreifen geschrieben, fand man in der Jackentasche von Blaise Pascal, als er am 19. August 1662 im Alter von erst 39 Jahren starb.

Die Bibel offenbart uns einen Gott, der persönlich erfahrbar ist, der auf den Menschen zugeht, ihn ruft und beruft, mit ihm einen Bund schließt. Im Buch Genesis offenbart sich Gott als der Schöpfer aller Lebewesen und Dinge, der Galaxien und Meere, vom unergründlichen Universum bis hin zum winzigsten Atom, der Tiere und Pflanzen, und „Gott sah alles an, was er gemacht hatte: Es war sehr gut" (Gen 1,31). Gott formt den Menschen und schenkt ihm den Garten Eden (vgl. Gen 2,7 ff.). Gott fragt Adam und Eva: „Was hast du getan?" (Gen 3,13). Gott wendet sich dem Noach zu: „Er war ein gerechter, untadeliger Mann (...); er ging seinen Weg mit Gott" (Gen 6,9). Nach der Sintflut schließt Gott einen Bund und setzt als Zeichen zwischen ihm und der Erde den Regenbogen in die Wolken. Dieser Bund gilt nicht nur für die Menschen, sondern für alle lebenden Wesen auf Erden (vgl. Gen 9,12–17). Im Exodusbericht offenbart sich Gott: „Ich bin, der mit euch ist" (Ex 3,14), und beweist seine liebende Zuwendung zum Volk. „Ich habe gesehen, ich habe gesehen das Elend meines Volkes in Ägypten. Ich habe seinen Hilfeschrei gehört. Ich kenne sein Leid. Ich bin herabgestiegen, um es aus dem Sklavenhaus Ägyptens zu befreien ..." (Ex 3,7–8). Gott ist ein Gott, der sieht, hört, mitfühlt, herabsteigt, der aus dem Sklavenhaus befreit und in ein Land führt, „in dem Milch und Honig fließen". Gott ist ein gütiger, barmherziger, menschenfreundlicher, treuer, liebevoller Gott! Alle diese Attribute scheinen zwar synonym zu sein, sind es aber doch wieder nicht. Wenn die Bibel das Wesen Gottes schildert, ist sie auf Einsichten angewiesen, die wir aus unserem menschlichen Umfeld gewinnen und die uns aus der persönlichen Erfahrung geläufig sind. Alles, was die Bibel über Gott sagt, bleibt anthropomorph, ist metaphorisch, allegorisch, bildlich. Gott selbst ist unaussprechlich, unbegreiflich, unfassbar. Sein Wesen ist mit menschlichen Kategorien und Denkschemen nie zu ergründen. Gott ist undefinierbar. Und dennoch begleitet den Menschen durch alle Jahrtausende die Ur-Frage: „Wer ist Gott? Wie ist Gott?"

Die Antwort der Bibel ist keine philosophische Definition, sondern öffnet einen Zugang zu Gott, mehr noch, sie lässt Gott zu den Menschen herabsteigen. Die Frohe Botschaft „Gott ist Liebe" (1 Joh 4,8) leuchtet schon im Alten Testament wie die zarte Morgenröte am Himmel und geht dann im Neuen Testament wie eine goldene Sonne auf. Gott hat ein Herz: „Mein Herz kehrt sich um in mir, all mein Mitleid entbrennt" (Hos 11,8). „Ihm (Ephraim) schlägt mein Herz, ich muss mich seiner erbarmen" (Jer 31,20). Der Prophet Hosea vergleicht die Liebe Gottes zu seinem Volk mit der Liebe des Bräutigams zu seiner Braut: „Ich traue dich mir an auf ewig; ich traue dich mir an um den Brautpreis von Gerechtigkeit und Recht, von Liebe und Erbarmen, ich traue dich mir an um den Brautpreis meiner Treue: Dann wirst du den Herrn erkennen" (Hos 2, 21–22). Erkennen ist in der biblischen Redeweise allemal liebendes Erkennen oder der Akt der Liebe schlechthin.

Gott hat ein Herz und liebt. Liebe verlangt nach Gegenliebe: „Höre Israel! Der Herr ist unser Gott, der Herr ist einzig! Darum sollst du den Herrn, deinen Gott, lieben mit ganzem Herzen, mit ganzer Seele und mit ganzer Kraft" (Dt 6,4–5).

Liebe ist die glühendste Empfindung, die ein Mensch erfahren kann, und gleichzeitig die tiefste Erkenntnis, die ihn über sich selbst erhebt. Gerade diese Erfahrung und Erkenntnis verwendet der erste Johannesbrief, um Gott den Menschen zu offenbaren. Dennoch, auch die Aussage „Gott ist Liebe" ist gleichnishaft, ein letztmöglicher sprachlicher Versuch, um den Menschen die Zuneigung, die Zuwendung, das Erbarmen, die Treue Gottes aufzuzeigen, sein Herz zu offenbaren.

Es gibt mehrere Worte in der hebräischen Sprache, die Gnade oder Liebe oder eben Treue, Erbarmen und Zärtlichkeit besagen. Da ist zunächst das Wort hesed, das die Treue Gottes zum Bund bedeutet, den Er mit Israel geschlossen hat. Treue ist Ausdruck sich schenkender Liebe. Auch wenn Menschen immer wieder den Bund brechen, bleibt die Treue Gottes ungebrochen und ist stärker als jede Untreue, jeder Verrat. Die Gnade überwindet die Sünde. Paulus bringt es im Römerbrief auf den Punkt: „Wo die Sünde mächtig wurde, da ist die Gnade übergroß geworden" (Röm 5,20). Gott umfasst den abtrünnigen Menschen wieder mit seiner Huld und Gnade.

Gott verzeiht und erneuert den Bund! „Wären eure Sünden auch rot wie Scharlach, sie sollen weiß werden wie Schnee. Wären sie rot wie Purpur, sie sollen weiß werden wie Wolle" (Jes 1,19).

Ein anderes Wort, das in der Bibel verwendet wird, ist *rahamim*, das schon von der Wortwurzel her die Mutterliebe anklingen lässt. Das diesem Ausdruck zugrunde liegende Wort *rehem* heißt nichts anderes als *Mutterschoß*. Es gibt im menschlichen Leben keine tiefere und ursprünglichere Erfahrung liebender Verbundenheit als die zärtliche Einheit der Mutter mit ihrem Kind im Mutterschoß. Niemand ist sich näher als die Mutter und das Kind unter ihrem Herzen. So umfasst *rahamim* alle mütterlichen Gefühle, insbesondere Güte und Zärtlichkeit. Das Alte Testament schreibt Gott gerade diese mütterlichen Gefühle zu. Gott fühlt, wie nur eine Mutter fühlen kann, die ein Kind unter ihrem Herzen trägt und dann zur Welt bringt. So lesen wir bei Jesaja: „Kann denn eine Frau ihr Kind vergessen, eine Mutter ihr eigenes Kind? Und selbst, wenn sie ihr Kind vergessen würde: Ich vergesse dich nicht" (Jes 49,15).

„Wie finde ich einen gnädigen Gott?“ ist nicht nur die Frage eines einzelnen Menschen wie Martin Luther. „Gott sei mir Sünder gnädig“ ist nicht nur das zerknirschte Flehen des Zöllners, ganz hinten im Tempel von Jerusalem. Die ganze Menschheit schreit und fleht nach Gnade, sucht nach einem gnädigen Gott, sehnt sich nach göttlichem Trost und seiner Barmherzigkeit, selbst wenn heute viele dies leugnen wollen. „Du hast uns auf Dich hin geschaffen, o Gott, und unruhig ist unser Herz, bis es ruhet in Dir“, schreibt Augustinus am Beginn seiner Confessiones. Alle Menschen suchen nach Sinn. Der „Wille nach Sinn“, wie Viktor E. Frankl sagt, ist aber eng verbunden mit der Suche nach einem Du, nach Geborgenheit, Schutz, Sicherheit, nach Nestwärme. Dieses fortwährende Verlangen gründet tief im Innersten des Menschen. „Deinen Namen anzurufen und an dich zu denken ist unser Verlangen. Meine Seele sehnt sich nach dir in der Nacht, auch mein Geist ist voll Sehnsucht nach dir!“, ruft Jesaja aus (Jes 26,8–9).

„Mich erbarmt des Volkes“ – „Ich habe Mitleid mit diesen Menschen“ (Mk 8,2) ist die biblische Motivation, die uns drängt, zu den Armen zu gehen, an ihrer Seite zu leben, sie zu lieben bis zur äußersten Hingabe, sogar bis zum Martyrium.

Es ist Auftrag der Kirche und jedes Christen, die Liebe Gottes in dieser Welt spürbar, erfahrbar zu machen. Die biblische Geschichte spornt uns zum Einsatz an der Seite der Armen an. Die jahrtausendealten Gebete nähren die Mystik, um der Option für die Armen treu zu bleiben und der Versuchung zu widerstehen, bei Rückschlägen und Misserfolgen aufzugeben.

Die Worte und Gebete der Schrift sind nicht wie aufputschende Drogen, die Emotionen anheizen, sondern schaffen die Verbindung mit dem liebenden Gott, der ein Gott-mit-Uns ist, uns führt und leitet. Mystik ist keine fromme Empfindung, kein seliges Gefühl, das uns über Zeit und Raum erhebt. Mystik bedeutet Gott zu erfahren, zu erleben, ihn gegenwärtig zu wissen, wenn wir uns für die Armen einsetzen.

Die wahre Mystik und der Beweggrund für unseren Einsatz für die Armen, die kulturell Anderen und unsere Mitwelt kann nur der liebende, gnädige, treue Gott sein, an dessen Gegenwart, an dessen Mit-uns-Sein wir glauben. „Fürchte dich nicht, und habe keine Angst; denn der Herr, dein Gott, ist mit dir bei allem, was du unternimmst" (Jos 1,9), spricht Gott zu Josua, als er die Nachfolge des Mose antritt. „Mögen sie dich bekämpfen, sie werden dich nicht bezwingen; denn ich bin mit dir" (Jer 1,19), schließt die Berufungsgeschichte des Propheten Jeremia. Wer von dieser Gegenwart Gottes im täglichen Kampf und Einsatz überzeugt ist, wer diesen Gott spürt, seine Liebe und Treue erfährt, seine Worte vernimmt, lässt sein Leben in eine unaufhörliche Liebe zu den Geringen verwandeln, in eine Liebe ohne Maß und Grenzen. Wer glaubt, hat keine Angst, auch nicht vor seinen Henkern. Wer glaubt, weiß, dass er bis in den Tod und darüber hinaus in Gottes Händen ist.

Seit Jahrzehnten leben die lateinamerikanischen Ortskirchen die Option für die Armen. Ausgehend von der jeweiligen Realität der sozioökonomischen Ausgrenzung und Ungleichheit haben die gemeinsamen Konferenzen der Bischöfe aus Lateinamerika und der Karibik diese Option in Worte gefasst und dabei um manche Formulierung buchstäblich gerungen. Da sich die Kirchen nicht nur den Armen zuwenden, wurden die Begriffe vorrangig und nicht ausschließend hinzugefügt. Vorrangig, weil die Armen bei Jesus einen besonderen Platz einnehmen, nicht ausschließend, weil die Botschaft Jesu an alle Menschen gerichtet ist.

Plötzlich reden sogar Politiker, darunter ein ehemaliger brasilianischer Staatspräsident, von der Option für die Armen. Darum sprach die Brasilianische Bischofskonferenz fortan von der evangelischen Option für die Armen, damit kein Zweifel besteht, dass es der Kirche nicht um eine parteipolitische Option geht.

Uneingeschränkt bekundet die Bibel die Option Gottes für die Armen. Der Gott der Bibel hat keine Vorbehalte und ist nicht zurückhaltend, wenn die Armen, die Ausgeschlossenen, die Verelendeten Unterstützung und Beistand brauchen. Die Thorá und die Propheten weisen immer wieder auf Menschen in Not und Bedrängnis hin.

Gott erinnert Israel an seine eigene Geschichte im Sklavenhaus Ägyptens: „(Der Herr, euer Gott) verschafft Waisen und Witwen ihr Recht. Er liebt die Fremden und gibt ihnen Nahrung und Kleidung – auch ihr sollt die Fremden lieben, denn ihr seid Fremde in Ägypten gewesen" (Dt 10,18). Der Segen Gottes hängt von der Liebe zu den Hilfsbedürftigen ab: „(…) die Fremden, die Waisen und die Witwen, die in deinem Stadtbereich wohnen, können kommen, essen und satt werden, damit der Herr, dein Gott, dich stets segnet bei der Arbeit, die deine Hände tun" (Dt 14,29). „Verflucht, wer das Recht der Fremden, die Waisen sind, und das der Witwen beugt" (Dt 27,19).

„Lernt, Gutes zu tun! Sorgt für das Recht! Helft den Unterdrückten! Verschafft den Waisen Recht, tretet ein für die Witwen!" (Jes 1,17), ruft der Prophet Jesaja und beklagt die Korruption innerhalb der Führungsschicht: „Deine Fürsten sind Aufrührer und eine Bande von Dieben, alle lassen sich gerne bestechen und jagen Geschenken nach. Sie verschaffen den Waisen kein Recht, die Sache der Witwen gelangt nicht vor sie" (Jes 1,23). „In dir verachtet man Vater und Mutter. In deiner Mitte beutet man die Fremden aus. In dir unterdrückt man Waisen und Witwen" (Ez 22,7).

Gott selbst macht den geschwisterlichen Umgang mit den Wehr- und Schutzlosen zur Bedingung für seine Gegenwart unter dem Volk: „Nur wenn ihr euer Verhalten und euer Tun von Grund auf bessert, wenn ihr gerecht entscheidet im Rechtsstreit, wenn ihr die Fremden, die Waisen und Witwen nicht unterdrückt, unschuldiges Blut an diesem Ort nicht vergießt, (…) dann will ich bei euch wohnen hier an diesem Ort, in dem Land, das ich euren Vätern gegeben habe, für ewige Zeiten" (Jer 7,5–7). „So spricht der Herr: Sorgt für Recht und Gerechtigkeit, und rettet den Ausgeplünderten aus der Hand des Gewalttäters! Fremde, Waisen und Witwen bedrängt und misshandelt nicht; vergießt kein unschuldiges Blut an diesem Ort" (Jer 22,3). Mehr noch, Gott verspricht den Rechtlosen seine Liebe: „Lass deine Waisen! Ich will für sie sorgen, deine Witwen können sich verlassen auf mich" (Jer 49,11).

Gott „lässt den Hilfeschrei der Armen zu sich kommen, er hört die Klage der Gebeugten" (Hiob 34,28). Viele Psalmen sind Klagelieder der Armen, die ihr Vertrauen in den väterlichen-mütterlichen Gott setzen. Die Armen, die Unglücklichen, die Verfolgten, die von Angst und Not gebeugten Menschen glauben an einen Gott, der sie versteht, der sich ihnen in unendlicher Liebe zuwendet. „Doch der Arme ist nicht auf ewig vergessen, des Elenden Hoffnung ist nicht für immer verloren" (Ps 9,19). „Herr, du hast die Sehnsucht der Armen gestillt, du stärkst ihr Herz, du hörst auf sie: Du verschaffst den Verwaisten und Bedrückten ihr Recht. Kein Mensch mehr verbreite Schrecken im Land" (Ps 10,17–18). „Denn er (der Herr) hat nicht verachtet, nicht verabscheut das Elend des Armen. Er verbirgt sein Gesicht nicht vor ihm; er hat seinen Schrei gehört" (Ps 22,25). Welch innige und vertrauende Bitte ist im Psalm 25 überliefert:

„Wende dich mir zu und sei mir gnädig; denn ich bin einsam und gebeugt. Befrei mein Herz von der Angst, führe mich heraus aus der Bedrängnis! Sieh meine Not und Plage an, und vergib mir all meine Sünden! Siehe doch, wie zahlreich meine Feinde sind, mit welch tödlichem Hass sie mich hassen! Erhalte mein Leben und rette mich, lass mich nicht scheitern! Denn ich nehme zu dir meine Zuflucht" (Ps 25,16–20).

Auf der Grundlage der Thorá und der Propheten, die Jesus von Kindheit an daheim und in der Synagoge hörte, und der ihm vertrauten Psalmen, die er mit seinen Eltern Maria und Josef betete, kündigt sich Jesus als Messias der Armen an. Er selbst ist arm geboren, außerhalb der Stadt, „weil in der Herberge kein Platz" (Lk 2,7) war. Seine erste Wiege ist eine erbärmliche Futterkrippe für das Vieh. Arm, als eines „Zimmermanns Sohn" (Mt 13,55) wächst er in Nazaret auf. Arm bleibt er sein Leben lang: „Die Füchse haben ihre Höhlen und die Vögel ihre Nester; der Menschensohn aber hat keinen Ort, wo er sein Haupt hinlegen kann“ (Mt 8,20). Arm, auf einem Hügel – wiederum außerhalb der Stadt –, völlig entblößt, sogar seiner Kleider beraubt (vgl. Mt 27,35), stirbt er am Kreuz. „Er entäußerte sich und wurde wie ein Sklave, (…) er erniedrigte sich und war gehorsam bis zum Tod, bis zum Tod am Kreuz“ (Phil 2,7–8).

Im Lukasevangelium stimmt Maria, das arme Mädchen aus Nazaret, den Lobgesang der Armen an (Lk 1,46–55). Sie trägt den „Sohn des Höchsten“ (Lk 1,32) unter ihrem Herzen und besingt die Verheißungen seit Anbeginn der Menschheit, die nun endlich in Erfüllung gehen: „Er stürzt die Mächtigen vom Thron und erhöht die Niedrigen. Die Hungernden beschenkt er mit seinen Gaben, (…) und denkt an sein Erbarmen, das er unseren Vätern verheißen hat“ (Lk 1,52–55). Wer hört aus dem Jubelgesang Marias nicht das prophetische Halleluja Jesajas: „Jubelt, ihr Himmel, jauchze, o Erde, freut euch, ihr Berge! Denn der Herr hat sein Volk getröstet und sich seiner Armen erbarmt“ (Jes 49,13)? Jesus zitiert bei seinem ersten Auftritt in der Synagoge seiner Heimatstadt Nazaret auch den Propheten Jesaja: „Der Geist des Herrn ruht auf mir; denn der Herr hat mich gesalbt. Er hat mich gesandt, damit ich den Armen eine gute Nachricht bringe“ (Lk 4,18–Jes 61,1). Jesus versteht sich als Messias der Armen und es sind auch die anawim, die Armen, die Gebeugten, die Gedemütigten, die Verstoßenen, die Ausgegrenzten, die an den Rand Gedrückten, die Enterbten, die Waisen und Witwen, die entwürdigten Frauen, die allein gelassenen Kinder, die zu ihm kommen, auf ihn hören, ihm vertrauen und ihn ausrufen lassen. „Ich preise dich, Vater, Herr des Himmels und der Erde, weil du all das den Weisen und Klugen verborgen, den Unmündigen aber offenbart hast“ (Mt 11,25).

Das Beispiel und die Worte Jesu, die Heilige Schrift, das Gesetz und die Propheten, sind und werden immer Ausgangspunkt und Hintergrund für die Verkündigung des Evangeliums und alle unsere sozialen und pastoralen Initiativen sein. An der Seite des pilgernden Volkes Gottes setzten die Konferenzen der Bischöfe Lateinamerikas und der Karibik Meilensteine auf dem Weg der Kirche durch die Zeit und suchten Antworten auf die Herausforderungen der jeweiligen sozialen, politischen, kulturellen und religiösen Situation der Menschen in den einzelnen Ländern. Diese kontinentalen bischöflichen Versammlungen sind weltweit originell und einzigartig. Es sind keine vom Papst einberufenen Synoden, sondern Initiativen der Ortsbischöfe, im Einverständnis mit dem Nachfolger Petri.

Die erste Versammlung der Bischöfe Lateinamerikas tagte 1955 in Rio de Janeiro während des Pontifikats von Pius XII., noch vor dem II. Vatikanischen Konzil. Damals wurde auch der Lateinamerikanische Bischofsrat – CELAM (Consejo Episcopal Latinoamericano) als ständige Einrichtung ins Leben gerufen (vgl. DRJ 97), dem heute die 22 nationalen Bischofskonferenzen Lateinamerikas und der Karibik angehören. Auch wenn sich die Debatten vorwiegend mit innerkirchlichen Angelegenheiten befassten, so ist im Schlussdokument das achte von elf Kapiteln den sozialen Problemen gewidmet. Die Bischöfe sind zutiefst besorgt über die quälende Situation, unter der viele Menschen leiden, und beklagen die geringen Löhne der Arbeiterklassen auf dem Land und in der Stadt sowie die mangelnden Arbeitsplätze. Im Sinn der kirchlichen Soziallehre sollen sich alle Katholiken für eine gerechte Lösung der Probleme einsetzen, rufen die Bischöfe auf (vgl. DRJ 79).

Die zweite Lateinamerikanische Bischofskonferenz, 1968 in Medellín, hatte das Ziel, die Inhalte und Beschlüsse des II. Vatikanischen Konzils in den lateinamerikanischen Kontext zu stellen. Das Schlussdokument zeichnet den neuen Weg und einen Standortwechsel vor. Die Kirchen Lateinamerikas erklären ihre Option für die Armen: „Als Bischöfe möchten wir in Ehrlichkeit und aufrichtiger Brüderlichkeit den Armen immer mehr näher kommen (...). Das Bewusstsein der Verpflichtung zur Solidarität mit den Armen muss unter uns immer stärker werden. Diese Solidarität bedeutet, dass wir ihre Probleme und ihren Einsatz zu den unseren machen und für sie einzutreten wissen. Diese Haltung wird sich konkretisieren, wenn wir im Kampf gegen eine unerträgliche Situation, in der sich die Armen so oft befinden, Ungerechtigkeit und Unterdrückung anprangern" (DM 14,9–10).

Medellín inspiriert die lateinamerikanischen Kirchen, zu Kirchen der Armen und Unterdrückten zu werden. Das vom Konzil entflammte neue Pfingsten fängt Feuer. Die befreiende Dimension des Evangeliums kommt zum Tragen. Unzählige kirchliche Basisgemeinden entstehen auf dem ganzen Kontinent. Die Kirche der Armen wird zur Realität. Die Befreiungstheologie übernimmt die an der Basis gelebte Praxis und Erfahrung in ihre Reflexion und vertieft ihren Glaubensgehalt. Eine Kirche entfaltet sich, die auf Dialog zwischen Glauben und Leben, zwischen Evangelium und Gerechtigkeit gründet.

In Medellín hat die Kirche auch nach den Ursachen der tragischen Realität gefragt. „Das Elend, als kollektive Tatsache, ist eine Ungerechtigkeit, die zum Himmel schreit" (DM 1,1), heißt es im Schlussdokument bereits im ersten Absatz, und das Dokument nennt die „fehlende Solidarität als Ursache wahrhafter Sünden auf individueller und gesellschaftlicher Ebene, die sich in den heute für Lateinamerika charakteristischen ungerechten Strukturen zeigen" (DM 1,2). Angesichts der Unterdrückung, des Elends, der Repression der damals herrschenden Militärdiktaturen hat Medellín das Hauptaugenmerk den verelendeten Massen in den ländlichen Gebieten und in den Favelas der Städte zugewendet und Armut, Not und Tod als Folge ungerechter, insbesondere wirtschaftlicher Strukturen gebrandmarkt.

Elf Jahre nach Medellín versammeln sich die lateinamerikanischen Bischöfe 1979 in Puebla de Los Angeles zu ihrer dritten kontinentalen Konferenz unter dem Thema: „Die Evangelisierung in der Gegenwart und Zukunft Lateinamerikas". Viel Beachtung bei den Gesprächen und Diskussionen der Bischöfe fand damals das von Paul VI. im Jahr 1975 verfasste Apostolische Schreiben *Evangelii Nuntiandi*.

Die Situation hatte sich im vergangenen Jahrzehnt zunehmend verschlechtert. Ungerechtigkeit, institutionelle Gewalt und extreme Armut forderten immer mehr Opfer unter der Bevölkerung. Tragisch ist die Bilanz über die blutige Vergangenheit: „Das letzte Jahrzehnt war auf unserem Kontinent von Gewalt gekennzeichnet. Aber wir gehen unseren Weg weiter in der Sicherheit, dass der Herr den Schmerz, die Wunden und den Tod (…) zum Samen und zur Auferstehung für Lateinamerika verwandeln kann" (DP 266). „Die prophetische Anklage der Kirche und ihr konkretes Eintreten für die Armen hat ihr nicht selten Verfolgung und unterschiedliche Bedrängnis eingebracht. Die Armen waren die ersten Opfer dieser Nachstellungen" (DP 1138).

Papst Johannes Paul II. kritisiert bereits bei der Eröffnung, dass „Reiche immer reicher werden auf Kosten der Armen, die immer ärmer werden" (DP 30).

Für die Kirche ist diese Situation eine ständige Herausforderung, denn „im täglichen Leben nimmt sie ganz konkrete Züge an, in denen wir das Leidensantlitz Christi erkennen sollen, das uns fragend anblickt" (DP 31). Die Leidenszüge des Herrn erkennen wir in den Kindern, den Jugendlichen, den Indios und Afroamerikanern, den Campesinos, den Arbeitern, den Arbeitslosen und schlecht bezahlten Beschäftigten, den Ausgegrenzten in den Favelas, den alten Menschen (vgl. DP 32–39). Auf diesem Hintergrund wird eine umfassende Befreiung gefordert und damit der pastorale Ansatz von Medellín verstärkt. Evangelisierung soll befreiend sein und alle Dimensionen der menschlichen Existenz umfassen: die gesellschaftliche, politische, wirtschaftliche sowie die kulturelle.

Die Bischöfe bekunden ihre Freude über die Ausbreitung der kirchlichen Basisgemeinden als „Hoffnung der Kirche" (EN 58). Diese kleinen Gemeinden sind der Samen, der als Folge der Option für die Armen seit Medellín reiche Frucht trägt. Im Vertrauen auf die Kraft des Heiligen Geistes bekräftigt die Konferenz von Puebla die Position der zweiten Vollversammlung und unterstreicht „die Notwendigkeit einer Bekehrung der gesamten Kirche zur vorrangigen Option für die Armen, die deren umfassende Befreiung beabsichtigt" (DP 1134). Eine kühne Erweiterung der Option für die Armen, bei der auch das befreiende Element zum Tragen kommt. Damit die Armen ihrem Elend entkommen, ist solidarischer Beistand allein unzureichend. Vielmehr soll die Kirche der Armen gemeinsam gegen ungerechte und menschenunwürdige Strukturen auftreten und sich aus Unterdrückung und Not befreien. Das erfordert eine Umorientierung der Pastoral in Wort und Tat. Die Armen sind aufgerufen, ihr Leben aus dem Glauben an den befreienden Gott zu gestalten. Das bedeutet Ungerechtigkeiten aufdecken, Tod bringende Mechanismen verurteilen, legitime Rechte fordern, für das Leben eintreten und jeweils die notwendigen Schritte setzen. Diese Kirche der Armen, durch die der Traum Jesu vom Reich Gottes, das hier und heute beginnt, Gestalt annimmt, hat jedoch eine Kirche der Märtyrer zur Folge.

„Die Armen können nicht warten!", fasst Johannes Paul II. bereits in seiner Predigt am 12. Oktober 1992 vor dem Kolumbusdenkmal als Erwartung an die vierte Konferenz der Bischöfe Lateinamerikas und der Karibik zusammen. „In den letzten Jahren hat das Elend zugenommen und wurde zur Misere. Es geht heute um eine Option für die Verelendeten!", klagte ein Bischof gleich zu Beginn der Arbeitssitzung.

Wie Puebla zeigt auch Santo Domingo die Gesichter der Armen auf und nennt die Ursachen für Hunger, Enttäuschung, Demütigung, Angst, Leid, Erschöpfung. Von der Kirche und den Christen wird eine tiefe Bekehrung gefordert angesichts der entstellten Gesichter aufgrund sozialer Ungerechtigkeit, unerfüllter politischer Versprechen, kultureller Missachtung, ständiger Gewalt, mangelnder Fürsorge, Misshandlung und Erniedrigung, fehlender Zuwendung, schwerer Arbeit und unwürdiger Behandlung (vgl. DSD 178).

Wenn auch nur zaghaft, so setzte Santo Domingo erstmals einen bedeutenden Schritt mit dem Thema einer inkulturierten

Evangelisierung, die in den indigenen und afroamerikanischen Kulturen lebendig werden soll.

Bereits in der Vorbereitung unterschied sich die 2007 einberufene fünfte Generalversammlung der Bischöfe Lateinamerikas und der Karibik von den bisherigen Konferenzen. Alle Diözesen waren eingeladen, Vorschläge, Wünsche, Sorgen und Erwartungen einzubringen. Beeindruckend, wie alle Bischöfe, Ordensgemeinschaften, Laienorganisationen bis hin zu Einzelpersonen diesem Aufruf gefolgt sind. Die nationalen Bischofskonferenzen fassten die nach Themen gegliederten Beiträge zusammen. Aus all diesen Dokumenten erstellte der CELAM ein Resümee, als Ausgangspunkt für die Diskussionen und Beratungen in Aparecida, Brasilien, die unter dem Thema standen:

„Jünger und Missionare Jesu Christi, damit unsere Völker in ihm das Leben haben – Ich bin der Weg, die Wahrheit und das Leben" (Joh 14,6).

Dieser Weichen stellende Leitgedanke hat Bedeutung für die Kirche auf der ganzen Welt, denn alle Christen sind durch die Taufe zu Jüngern und Missionaren Christi berufen, wie es auch im Konzilsdekret *Ad gentes* heißt: „Die pilgernde Kirche ist ihrem Wesen nach ‚missionarisch'" (AG 2).

Wie können wir in den uns umgebenden sozialen, politischen, wirtschaftlichen und kulturellen Welten Jüngerinnen und Jünger und gleichzeitig Missionarinnen und Missionare Jesu Christi sein, dem Beispiel Jesu folgen und Zeugnis für ihn und sein Reich ablegen? Wie erfüllen wir in Lateinamerika den Missionsauftrag Jesu: „Geht hinaus in die ganze Welt, und verkündet das Evangelium" (Mk 16,15)? Haben wir den Mut, unseren Glauben öffentlich zu bekennen und zu leben?

Christliche Verantwortung muss an jedem Ort und zu jeder Zeit spürbar werden. Sie verpflichtet uns, allen „Leidenden zum Nächsten zu werden und eine Gesellschaft ohne Ausgeschlossene zu gestalten" (DA 135). „Durch liebevolle Zuwendung, aufmerksames Hinhören, Bescheidenheit, Solidarität, Mitleiden, Dialogbereitschaft, Versöhnung, Engagement für soziale Gerechtigkeit und durch die Fähigkeit zum Teilen" (DA 363) können wir den Leidenden ganz nahe sein, wie Jesus.

Die Kirche Lateinamerikas und der Karibik verpflichtet sich, „mit noch größerem Eifer Wegbegleiterin unserer ärmsten Schwestern und Brüder" zu sein, „wenn notwendig, sogar bis zum Martyrium", und das erfordert, dass die Option „in unseren Strukturen und pastoralen Prioritäten ihren Niederschlag findet (...). Die Kirche Lateinamerikas ist aufgerufen, Sakrament der Liebe, der Solidarität und Gerechtigkeit" (DA 396) zu sein. Die Option für die Armen führt uns zu einer tiefen Nähe und Freundschaft mit den Armen, die sich durch ihr Handeln im Alltag selbst „zu Subjekten der Evangelisierung und der ganzheitlichen menschlichen Förderung" (DA 398) machen.

Wir müssen als Jünger und Missionare den Menschen dienen, in denen wir das Antlitz des leidenden Herrn erkennen und deren Schmerz uns besonders nahegeht: den Obdachlosen, den Migranten, den allein gelassenen Kranken, den Drogenabhängigen, den unwürdig behandelten Häftlingen (vgl. DA 407–430). Für all diese missachteten, gequälten, verstoßenen Schwestern und Brüder ist die Kirche „das Haus der Armen" (DA 8,524).

Den Armen gehört Gottes Liebe, aber die Untreuen, Unterdrücker und Ausbeuter verachtet er: „Einen Fremden sollst du nicht ausnützen oder ausbeuten, denn ihr selbst seid in Ägypten Fremde gewesen. Ihr sollt keine Witwe oder Waise ausnützen. Wenn du sie ausnützt und sie zu mir schreit, werde ich auf ihren Klageschrei hören. Mein Zorn wird entbrennen, und ich werde euch mit dem Schwert umbringen, sodass eure Frauen zu Witwen und eure Söhne zu Waisen werden" (Ex 22,20–23).

Jesus lebt zwischen zwei Extremen: liebende Barmherzigkeit und Empörung. Er weint über Jerusalem: „Jerusalem, Jerusalem, du tötest die Propheten und steinigst die Boten, die zu dir gesandt sind. Wie oft wollte ich deine Kinder um mich sammeln, so wie eine Henne, die ihre Küken unter ihre Flügel nimmt; aber ihr habt nicht gewollt" (Lk 13,34). Dann sehen wir ihn im Tempel mit einer Peitsche die Händler und Geldwechsler vertreiben (vgl. Joh 2,13–22). Als wolle er den plötzlichen Wutausbruch Jesu erklären oder gar entschuldigen, zitiert der Evangelist Johannes auch gleich den Psalm 69: „Der Eifer für dein Haus verzehrt mich" (Ps 69,10). Ähnlich rechtfertigte auch der Prophet Elias seinen Ärger, nachdem er alle Propheten des Baal am Bach Kischon hinrichten ließ: „Mit Leidenschaft bin ich für den Herrn, den Gott der Heere, eingetreten" (1 Kön 19,14).

Das Lukasevangelium überliefert zum Unterschied von Matthäus nur vier Seligpreisungen (Lk 6,20–22). Jesus preist auch hier an erster Stelle die Armen selig und verspricht ihnen das Reich Gottes. Ebenso wendet er sich an die Hungrigen, die Traurigen und schließlich an all jene, die „um des Menschensohnes willen" gehasst, beschimpft und in Verruf gebracht werden. Ihnen verspricht er einen großen Lohn im Himmel. Dann aber ergreift den bisher sanften Jesus flammender Zorn: „Wehe euch, die ihr reich seid; denn ihr habt keinen Trost mehr zu erwarten. Wehe euch, die ihr satt seid; denn ihr werdet hungern. Wehe euch, die ihr jetzt lacht; denn ihr werdet klagen und weinen. Wehe euch, wenn euch alle Menschen loben …" (Lk 6,24–26).

Im Markusevangelium finden wir eine Stelle, in der die beiden an sich unvereinbaren Gefühle verschmelzen. Ungeachtet des Ruhegebots für den Sabbat erbarmt sich Jesus des Mannes mit der lahmen Hand (vgl. Mk 3,1–6). Jesus befreit ihn von diesem körperlichen Makel und macht die verdorrte Hand „wieder gesund" (Mk 3,5). Die Gegner Jesu sind lediglich empört über die Verletzung des Sabbat-Gebots, der leidende Mann kümmert sie wenig. Jesus ist erbittert, als er die Gesetzeshüter der Reihe nach anblickt, und gleichzeitig ist er unsagbar traurig über die Verstocktheit ihrer Herzen. Jesus heilt den Mann, und sein barmherziges Tun wird ihm zum Verhängnis: „Da gingen die Pharisäer hinaus und fassten zusammen mit den Anhängern des Herodes den Beschluss, Jesus umzubringen" (Mk 3,6).

Barmherzigkeit, Mitleid, Liebe und Anklage, Warnung, Zurechtweisung stoßen ganz besonders in der Rede vom Weltgericht aufeinander (Mt 25,31–46). Jesus identifiziert sich mit den Hungernden, Durstigen, Obdachlosen, Zerlumpten, Kranken, Gefangenen und macht die endgültige Seligkeit davon abhängig, ob sich ein Mensch dieser Armen angenommen und ihnen liebend geholfen hat oder ihnen gleichgültig, gefühllos oder gar feindselig gegenüberstand. Alles, „was ihr für einen meiner geringsten Brüder" (Mt 25,40), für eine der geringsten Schwestern tut, ist für Gott selbst getan. „Kommt her, die ihr von meinem Vater gesegnet seid", verkündet er ihnen das verheißene Reich, „das seit der Erschaffung der Welt für euch bestimmt ist" (Mt 25,34).

Die Untätigkeit hat fatale Folgen. Wer den Armen und Elenden, den Not Leidenden und Hilfsbedürftigen keinen Liebesdienst erweist, der wird verdammt: „Weg von mir, ihr Verfluchten, in das ewige Feuer, das für den Teufel und seine Engel bestimmt ist!" (Mt 25,41). Im ganzen Neuen Testament findet sich kein erbarmungsloserer Spruch der Verfluchung und Verdammnis wie in diesem Vers des Matthäusevangeliums.

Angesichts der ungerechten, gewaltsamen und ausgrenzenden Realität in Brasilien sind wir aufgebracht, empört, entrüstet, bestürzt und erheben unsere Stimme zum Protest. Gleichzeitig verpflichten wir uns, Hand anzulegen für eine gerechte Welt, und laden alle Menschen guten Willens ein, unseren Weg in liebender Solidarität und Geschwisterlichkeit zu begleiten.

Vor Gott und der Welt klagen wir an, dass
die Würde und Rechte der Kleinbauern,
Siedler und Indios mit Füßen getreten werden,
der Lebensraum der Bevölkerung
in Amazonien gefährdet ist,
Amazonien in Rauch und Asche aufgeht,
der Regenwald durch übermäßige Abholzung schwindet,

der Preis für ein Stück Land ein ermordeter Indio ist,
Indios aus Verzweiflung
ihrem Leben selbst ein Ende bereiten,
indigene Völker durch mangelnde Betreuung
krank und hungrig bleiben,
Ackerland zunehmend der Exportproduktion dient
und Brotkörbe leer bleiben,
Politiker nur auf eigene Vorteile bedacht sind
und ihr Amt ausnutzen,
die Justiz träge ist und Sand in den Augen hat,
Legislative und Exekutive ihrer Verantwortung nicht nachkommen.

Dankbarkeit und Freude erfüllt uns,
wenn die kleinen kirchlichen Gemeinden
gemeinsam beten, feiern und mit jenen teilen,
die noch weniger haben.
Anerkennung zollen wir den Frauen,
die sich gegenseitig stärken und
ihre Misshandlungen nicht länger verschweigen.
Mut machen wir den Landarbeitern,
die vor Gericht ihre Rechte durchsetzen.
Unterstützung geben wir den Kleinbauern,
die sich zusammenschließen und bei den Behörden
so lange drängen, bis sie den Besitztitel
für ihr Land in den Händen halten.
Den Einsatz der indigenen Völker teilen wir.
Zuversicht spornt uns an,
wenn wir uns mit den indigenen Völkern
für die Regelung ihrer Gebiete einsetzen.
Wehmut umfängt uns,
wenn unser Bruder Kayapó angesichts einer
Kraftwerksplanung besorgt und traurig fragt:
„Was wird aus unseren Kindern?
Wo können wir unsere Vorfahren ehren,
wenn ihre Gräber überflutet sind?“

Öffnen wir unsere Ohren, Augen und Herzen für den Ruf der geschundenen Schöpfung und der missachteten Schwestern und Brüder.

Lassen wir uns ein auf die Begegnung mit den Ausgegrenzten, Gedemütigten, den Leidenden und schenken wir ihnen Achtung, Zuwendung und Nähe, damit sich Liebe, Gerechtigkeit und Frieden ereignet, zwischen Mensch und Mit-Welt, zwischen Menschen, Völkern und Nationen, und Gottes Liebe durch uns lebendig wird.

Nichts kann uns scheiden von der Liebe Christi (vgl. Röm 8,35)

Wieder bin ich zurück von Gemeindebesuchen an der Transamazônica. Es ist spätabends und ich bin todmüde. Ich war in der Gemeinde Bom Futuro, 37 Kilometer von der BR-230 entfernt, wie die Transamazônica offiziell heißt. Nicht weniger als 166 Kilometer habe ich auf staubigen Straßen und holprigen Wegen zurückgelegt. „So lange Fahrten, um kurze Zeit bei unserem Volk zu sein", hat Pater Oscar einmal bemerkt. Ja, das ist unsere Realität in einem der größten Kirchengebiete der Welt, mehr als viermal so groß wie Österreich.

Die meisten Reisen innerhalb der Prälatur sind überaus anstrengend. Gestern etwa schlitterte ich durch die Gegend. Während der Regenzeit ist das nichts Außergewöhnliches. Mit Wasser gefüllte Spurrinnen, Schlamm und Morast behindern häufig die Fahrt. Aber wie, um Himmels willen, kann man jetzt, in der Trockenzeit, einsinken? Eine etwa dreihundert Meter lange Sanddüne verursacht ein Übel und stellte meine Fahrkunst auf die Probe. Vorwärts, rückwärts, vorwärts und wieder rückwärts. Wie beim Carimbó tanzen meine Füße auf der Kupplung und dem Gaspedal.

Auf dem Rücksitz die schwangere Maria do Socorro, mager, schlecht ernährt. Ich habe sie und ihr Kind am Straßenrand aufgelesen und mitgenommen. Socorro ist angespannt, ängstlich, nervös, weil das Kind krank ist. Das fiebernde Mädchen legt seinen Kopf in den Schoß der Mutter, die ihr zärtlich über die Stirne streicht. Beim Anblick der beiden empfinde ich unendliches Mitleid und Sorge.

Ein äußerst schlechter Zeitpunkt für einen unfreiwilligen Halt. Brütende Hitze. Gefangen im Sand. Nichts geht mehr, weder nach vor noch zurück. Sobald ich auf das Gaspedal trete, sinkt das Auto noch tiefer in den feinen Sand.

In Amazonien lernt man schnell, wie sehr man einander braucht, um über die Runden zu kommen. Heute brauche ich Hilfe, morgen ist es ein anderer. Die Straßenverhältnisse machen keinen Unterschied zwischen Armen und Reichen, zwischen Analphabeten und Studierten. Eine Hürde stellt sich dem Arzt wie dem einfachen Bauern in den Weg. Ein Diplom ist noch keine Befähigung, um dem Morast zu entrinnen.

Wer einmal feststeckt, ist auf die Muskelkraft anderer angewiesen, die hoffentlich bald des Weges kommen. Auf Nebenstraßen können Stunden verrinnen, bis Hilfe in Sicht ist. Man kann mehr als nur einen Rosenkranz beten, und bald schon rötet sich die Haut und fühlt sich wie eine heiße Herdplatte an, weil weit und breit kein schattiges Plätzchen zu finden ist. Buschige Bäume sind entlang der Transamazônica und ihren Nebenstraßen selten. Die Hügel und Täler sind fast alle kahl. Außer einigen Sträuchern ist die Vegetation eintönig. So weit das Auge reicht, nur Graslandschaft.

Aber Gott hat an diesem Tag Erbarmen mit uns. In der Ferne ist ein knatterndes Motorrad zu hören. Es kommt immer näher. Zwei junge Männer sind auf dem Heimweg vom Gottesdienst in der kleinen Gemeinde. Sie erkennen unsere missliche Lage, halten an und packen auch gleich kräftig zu, um den Bischof aus der Versenkung zu befreien. Ich bin erleichtert, unendlich froh und danke euphorisch. „Nicht der Rede wert", winken die zwei ab und fahren weiter.

Schließlich erreichen wir Brasil Novo. Ich bringe das Mädchen und seine Mutter zur Krankenstation und begebe mich ins Pfarrhaus.

Eigentlich sind es Nebensächlichkeiten, die ich hier erzähle, aber sie gehören zu unserem Alltag und sind Teil unseres missionarischen Einsatzes. Wir alle – Laien, Priester, Ordensschwestern und der Bischof – leben in diesem Kontext und sind glücklich, dass wir berufen sind, dem Volk in Amazonien zu dienen.

Manche Situationen sind sehr aufreibend und ermüdend, verlangen viel Geduld, Nachsicht und Demut. Hin und wieder spüren wir auch unsere körperlichen Grenzen. Dazu fällt mir eine Begebenheit mit einer sehr beliebten Ordensschwester ein. Wir sind stundenlang zu Fuß unterwegs. Plötzlich blieb sie stehen und setzte sich am Straßenrand nieder: „Ich kann keinen Schritt weiter, ich bin am Ende meiner Kräfte", klagt sie weinend. Sie schafft es dennoch, und wir erreichen gemeinsam das Ziel. Wenn etwas ausweglos scheint, erzählt sie hin und wieder ihre Geschichte und lächelt dabei über sich selbst.

Was lässt uns trotz aller Widrigkeiten, Hindernisse und Rückschläge weitergehen? Wir sind keine Helden und auch keine Schauspieler. Unsere Bühne ist die Realität in Amazonien, und wir lieben dieses Land und seine Bewohner. Es gibt keine philosophische, psychologische oder soziologische Erklärung für diese gewählte Lebensform. Was uns bewegt, sind Glaube, Hoffnung und Liebe, „doch am größten unter ihnen ist die Liebe" (1 Kor 13,13).

All die Jahrtausende hindurch hat Gott Menschen berufen und sie in die Welt gesandt: Patriarchen, Propheten, Maria, die Apostel, Jüngerinnen und Jünger. Sie legten Zeugnis ab von ihrem Glauben, ihrer Hoffnung und ihrer Liebe. Manche von ihnen gingen den Weg des Martyriums. Bis heute leben Frauen und Männer nach ihrem Beispiel, denn „die Liebe hört niemals auf" (1 Kor 13,8). Sie haben den Ruf gehört und sind ihm gefolgt.

Drei Merkmale entdecken wir im Neuen Testament, wenn uns von Berufungen berichtet wird. Die Berufung der ersten Jünger im Evangelium von Markus ist paradigmatisch (Mk 1,16–20). Es gibt eine Begegnung, eine Einladung zur Nachfolge und eine Antwort auf den Ruf. Jesus ist unterwegs am Ufer des Sees Genezareth. Dort trifft er Simon, dessen Bruder Andreas und die Söhne des Zebedäus, Jakobus und Johannes. Die Männer gehen ihrer täglichen Arbeit nach: dem Fischfang. Ohne lange Vorrede oder Erklärung erteilt ihnen Jesus einen Auftrag und gibt zugleich ein Versprechen: „Kommt her, folgt mir nach! Ich werde euch zu Menschenfischern machen“ (Mk 1,17). Simon und Andreas bleiben weiterhin Fischer, aber ihr Beruf wird um eine Dimension erweitert. Der See, in dem sie fischen, wird zum Wasser des Lebens durch ihre Verpflichtung zum Dienst an den Menschen. Sie folgen Jesus und glauben an die Gute Nachricht, sie legen Zeugnis ab und verkünden der Welt die Botschaft: „Das Reich Gottes ist nahe“ (Mk 1,14).

Ohne zu zögern, lassen die Jünger ihre Netze liegen und folgen dem Herrn. Um ihre Zukunft machen sie sich keine Sorgen und fragen nicht einmal, was aus ihren Angehörigen wird. Den betagten Zebedäus übergeben sie der Obhut seiner Tagelöhner. „Sofort“ treffen die vier eine Entscheidung mit unvorhersehbaren Auswirkungen auf ihr Leben. Sie verlassen ihre Familie, ihre Freunde, sie geben ihre Arbeit und damit ihre sozialen Garantien auf. Sie tauschen Sicherheit mit Ungewissheit und ahnen nicht, wohin sie dieser Weg führen wird. Sie setzen den ersten Schritt und spüren tief im Inneren, dass es kein Zurück gibt. Sie werden aber nicht nur auf breiten, ebenen Wegen wandeln, sondern auch auf steinigen, engen Pfaden. Und nicht immer werden sie voll Freude berichten: „Herr, sogar die Dämonen gehorchen uns, wenn wir deinen Namen aussprechen“ (Lk 10,17). Unverständnis und Ablehnung werden sie mutlos und furchtsam machen. Dann werden sie sich an die Zurechtweisung Jesu erinnern: „Warum habt ihr solche Angst? Habt ihr noch keinen Glauben“ (Mk 4,40)?

Der Ruf Gottes ereilt auch jene, die zunächst Gegner sind, wie Saulus, der selbst gesteht, wie maßlos er „die Kirche Gottes verfolgte und zu vernichten suchte“ (Gal 1,13) und dass er „mit Drohung und Mord gegen die Jünger des Herrn“ (Apg 9,1) wütete. Aber Gott schreibt auch auf krummen Zeilen gerade und hat einen anderen Plan. Allerdings ist die Begegnung Jesu mit Saulus viel ungestümer als die Berufung der Jünger am See von Galiläa. Der Mann aus Tarsus stürzt vor den Toren von Damaskus zu Boden, als „ihn plötzlich ein Licht vom Himmel umstrahlte“

und eine Stimme zu ihm sagt: „Saul, Saul, warum verfolgst du mich?“ (Apg 9,3–4). Später schreibt Paulus im Brief an die Galater, dass ihn Gott „durch seine Gnade berufen hat“ (Gal 1,15).

„Wer bist du, Herr?“, wagt Paulus zu fragen, und der Herr entgegnet ihm: „Ich bin Jesus, den du verfolgst. Steh auf, stell dich auf deine Füße! Denn ich bin dir erschienen, um dich zum Diener und Zeugen dessen zu erwählen, was du gesehen hast und was ich dir noch zeigen werde“ (Apg 26,15–16). Paulus steht auf, will sich in die Stadt begeben und bemerkt, dass er blind ist. Seine Begleiter führen ihn nach Damaskus, wo er drei Tage hindurch fastet. In einer Vision beauftragt der Herr den Jünger Hananias, dem Saulus die Hände aufzulegen, damit er wieder sieht. Was Paulus zu diesem Zeitpunkt wohl nicht vermutet, das offenbart der Herr dem Hananias: „Ich werde ihm auch zeigen, wie viel er für meinen Namen leiden muss“ (Apg 9,16).

Trotz aller Gefahren und Mühsal, trotz Kälte, Hunger und Durst jammert Paulus nicht und begehrt auch nie auf. Er ist weder verzweifelt noch entmutigt, als er gefangen genommen, ausgepeitscht und gesteinigt wird. Er bejaht seine Ohnmacht, „alle Misshandlungen und Nöte, Verfolgungen und Ängste, die ich für Christus ertrage“ (2 Kor 12,10), wie er im Zweiten Brief an die Korinther festhält.

Wie kann ein Mensch so viel Schmach und Leid erdulden, ohne den Eifer, ohne die Begeisterung zu verlieren? Paulus vertraut dem Versprechen des Herrn: „Fürchte dich nicht! Rede nur, schweige nicht! Denn ich bin mit dir“ (Apg 18,9–10).

Diese Zusicherung des Herrn trägt uns, wenn wir in Amazonien die Rechte der Menschen und ihre Mit-Welt verteidigen und regionale Politiker, Großgrundbesitzer, Landspekulanten und Holzunternehmen unseren Einsatz mit allen Mitteln bekämpfen. Verleumdungen, Diffamierung und Morddrohungen sind ihre Waffen, um jene zum Schweigen zu bringen, die ihre Stimme gegen die Angriffe auf die menschliche Würde erheben, gegen die ständige Verzögerung der Agrarreform, gegen die rücksichtslose

Zerstörung der Schöpfung, gegen die Plünderung, Verschwendung und Ausbeutung von Holz, Edelmetallen und anderen natürlichen Rohstoffen.

Schon viele Frauen und Männer haben sich geopfert und wurden in der Prälatur am Xingu von Handlangern eines ungerechten Systems hingerichtet. Andere stehen seit Monaten auf Todeslisten und wissen nicht, ob und wann ihnen ein gedungener Pistoleiro das Leben nimmt. Seit Jahren stehe auch ich, als Bischof vom Xingu, im Kreuzfeuer der Kritik unserer Gegner und bin willkommenes Ziel ihrer Angriffe, Nachstellungen und Verleumdungen.

Hunderte Delegierte aus allen 750 kirchlichen Basisgemeinden der Prälatur feiern mit mir, mit Dom Orani João Tempesta, Erzbischof von Belém, und mit Dom Capistrano Francisco Heim, Bischof von Itaituba, am 25. Jänner 2006 den Dankgottesdienst zum 25. Jahrestag meiner Bischofsweihe in Altamira. Auf dem Vorplatz zum Bischofshaus mischen sich auch einige zwielichtige Gestalten unter die Menschenmenge. Einer der uns bis heute unbekannten Männer äußert erstmals öffentlich Drohungen gegen mich und schreit, er habe zwei Kugeln für mich. Dann flüchtet er. Die Verfolgung der Polizei bringt kein Ergebnis.

Knapp drei Wochen danach, beim Gedenkgottesdienst am 1. Jahrestag der Ermordung von Dorothy Stang, erinnere ich an die letzten Worte der Schwester und würdige ihren Einsatz. Weil uns „die Gerechtigkeit drängt“, wollen wir „die Wiederaufnahme und Erweiterung der Ermittlungen, weil andere Leben gefährdet sind, mit dem Tod bedroht werden“, sage ich in meiner Predigt.

In der zweiten Märzhälfte wenden sich Mütter an die Rechtspfleger der Gemeinde in Altamira und bitten um Unterstützung bei der Suche nach ihren abgängigen Kindern. Eine Mutter gibt einen vermutlichen Aufenthaltsort an. Dort spürt die Polizei einige Mädchen auf, das jüngste unter ihnen 12 Jahre alt, und bringt sie in das Kommissariat, wo sie 24 Stunden lang ohne Kontakt zu ihren Familien festgehalten, beschimpft und gedemütigt werden.

Zeugenaussagen, Verhöre sowie die Untersuchung von beschlagnahmten Foto- und Videodokumentationen bringen das volle Ausmaß einer grauenhaften Straftat ans Tageslicht. Mädchen werden am Schultor angesprochen und zu Festen eingeladen. Mit Geschenken, etwa Kleidern, Mobiltelefonen oder Geld, umgerechnet nicht mehr als 20 Euro, verführen Geschäftsleute und lokale Politiker die Mädchen zu sexuellen Handlungen. Drogen und Alkohol sind mit im Spiel.

Bei der ordentlichen Gemeinderatssitzung am 23. März 2006 fordert die Bevölkerung die Amtsenthebung eines beschuldigten Gemeinderates. Infolge der Abwesenheit von fünf Gemeinderäten fehlen die erforderlichen Stimmen für das Verfahren. Bei dieser Sitzung werden Kopien des Polizeiprotokolls mit den Aussagen der Mädchen verteilt. Eine Minderjährige wird mit ihren vollständigen Personaldaten zitiert. Das ist in Brasilien ein Bruch des Statuts für Kinder und Jugendliche. Tags darauf machen Polizeiprotokoll und Fotos von den Sexorgien in Altamira die Runde. Die betroffenen Familien werden aufgrund von nationalen Medienberichten zum Gespött der Leute und gleichzeitig bedroht. Sie und einige Zeugen ziehen mich in ihr Vertrauen, ersuchen um Vermittlung und Unterstützung. In ihrem Auftrag bringe ich bis dahin verschwiegene Fakten bei der Polizei zur Anzeige, berufe mehrere Versammlungen des Komitees zur Verteidigung der Kinder von Altamira und des Verbandes der Mütter von Altamira ein und schreibe Briefe an den Präsidenten des Gemeinderates von Altamira, an den Landessekretär für Öffentliche Sicherheit, an die Bundesstaatsanwaltschaft in Pará, an den Präsidenten des Bundesgerichts in Pará, an eine Senatorin, an den Bundesminister im Sondersekretariat für Menschenrechte und den Bundesjustizminister.

Mit diesen Interventionen mache ich mir keine Freunde unter den Beschuldigten. Einen vorläufigen Höhepunkt erreichen die Drohungen am 19. Juni 2006 während einer Kundgebung für den Bau des Wasserkraftwerkes Belo Monte.

Hunderte besorgte Menschen aus dem In- und Ausland bekunden mir seither ihre Solidarität, machen mir Mut und beten für mich und die Menschen am Xingu.

„Dom Erwin, dein Leid ist unser Leid. Wir sind mit dir!" steht auf Transparenten, wenn ich in den Gemeinden mit dem Volk die Eucharistie feiere. Vor dem Segen kommt eine Frau an den Altar und bestürmt mich im Namen des Volkes: „Dom Erwin, gib nicht auf! Wir sind auf deiner Seite!"

Der österreichische Botschafter in Brasília führt ein Gespräch mit dem Sekretär des Bundesjustizministers. Der Erzbischof von Belém wendet sich an den Generalanwalt sowie den Staatsanwalt der Republik und ersucht um verstärkte Präsenz der Bundesstaatsanwaltschaft im Landesinneren, damit es keine weitere Ermordung wie im Fall Schwester Dorothy gebe.

Am 29. Juni 2006 teilt mir der Sekretär für Öffentliche Sicherheit des Bundesstaates telefonisch mit, dass mir Personenschutz zur Verfügung stehe. Um 22 Uhr kommt der Kommandant der Militärpolizei von Altamira in das Bischofshaus und stellt mir zwei Soldaten vor, die mit meinem Schutz beauftragt sind. Als erste Amtshandlung wird jeder Raum bis in den hintersten Winkel ins Visier genommen. Ein- und Ausgänge werden lokalisiert, Fluchtwege kontrolliert.

Zwei Wochen lang weichen vier Soldaten nicht von meiner Seite. Zu zweit versehen sie jeweils 24 Stunden ihren Dienst. Angefangen bei meinem allmorgendlichen Gesundheitslauf am Xingu-Ufer begleiten sie mich zu den Eucharistiefeiern in den Kirchen der Stadt, auf den Reisen zu den Gemeinden, zu Versammlungen, zu Krankenbesuchen, sitzen mit mir zu Tisch und halten vor meiner Schlafzimmertür Wache. Die Prälatur muss die Verpflegung der Soldaten übernehmen und ihnen entsprechende Räumlichkeiten für Ruhe- und Pausenzeiten überlassen.

Beim Volk besteht großer Erklärungsbedarf, wenn ich mit zwei bewaffneten Uniformierten in einer Pfarre eintreffe, zu einem Gottesdienst, zu einer Firmung, zu Taufen, Hochzeiten oder einer Beerdigung komme.

Der Kommandant der Militärpolizei erfüllt meine Bitte und stellt am 13. Juli den Personenschutz ein. Die scheinbare Ruhe während der nächsten zwei Monate trügt.

Ein „Offener Brief" wird am 11. Oktober unter die Eingangstür des Bischofshauses geschoben und taucht danach quer durch Altamira an unterschiedlichsten Stellen auf.

Von der ersten bis zur letzten Zeile umfasst der zweiseitige Brief Polemiken, Lügen, haltlose Vorwürfe, Diffamierungen und fordert im letzten Absatz die Bevölkerung auf, in der Gemeindekammer von Altamira ein Dokument zu unterschreiben, damit ein Gesetzesdekret erlassen wird, auf dessen Grundlage der Bischof aus der Region vertrieben werden kann. Keine Bürgerin, kein Bürger der Stadt hat je eine Unterschrift abgegeben.

Ich bin zu jener Zeit auf Pastoralreise in Tucumã und Ourilândia do Norte und erfahre telefonisch von der Kampagne.

Als unmittelbare Reaktion auf den Brief wird am 13. Oktober erneut Polizeischutz für mich angeordnet. Während der Nacht und tagsüber schieben Soldaten aus der Kaserne in Tucumã Wache vor dem Pfarrhaus, in dem ich untergebracht bin. Spätnachmittags trete ich die Rückreise nach Altamira an. Also wieder rein in das Flugzeug von Ourilândia nach Belém, Übernachtung, frühmorgens zum Flughafen und dann von Belém nach Altamira.

Auf der Fahrt zum Flughafen eskortieren mich Soldaten aus Tucumã bis zur Gemeindegrenze und danach Soldaten aus Ourilândia bis zum Einstieg in das Kleinflugzeug.

In Belém erwarten mich vier Soldaten und ein Kommissar der Zivilpolizei am Flughafen. Bei der anschließenden Befragung und Analyse der Lage betont der Kommissar, dass von nun an keine Möglichkeit bestehe, den Polizeischutz abzulehnen.

Bei der Ankunft auf dem Flughafen in Altamira stehen zwei Soldaten zum Einsatz bereit. Mit ihrem Kommandanten vereinbare ich, dass sie künftig Zivilkleidung statt Uniform tragen dürfen. Ich erfahre, dass die mir zugeteilten vier Soldaten seit

Juli eine umfassende Sonderausbildung für den Schutz von gefährdeten Menschenrechtsaktivisten erhalten haben. Ich denke: „Jetzt bist du auch ein solcher!“ Ein weiterer Ehrentitel, der mir auf diese Weise schweigend verliehen wird.

Unabhängig voneinander entdecken im November mehrere Personen in Pará und Brasília in einem virtuellen sozialen Netzwerk den Eintrag, dass der Bischof vom Xingu den 29. Dezember nicht überleben werde. Nach wenigen Stunden ist der Text gelöscht. Die Polizei kann auch mit viel technischem Aufwand die Autoren nicht ausforschen. Einen Monat lang wissen nur vertrauenswürdige Personen von dieser Botschaft und hüten sie wie ein Geheimnis.

Am Sitz der Brasilianischen Bischofskonferenz Region Norden 2 in Belém verleiht mir die Brasilianische Anwaltskammer-Sektion Pará am 22. Dezember den Preis „José Carlos Castro für Menschenrechte“ in Anerkennung meines Einsatzes für die Verteidigung der Völker in Amazonien. Für meine Kritiker ist diese Ehrung wie Öl in ihr Feuer.

Wie jedes Jahr bin ich vom Heiligen Abend bis Anfang Jänner mit dem Schiff auf Pastoralreise am Unteren Xingu unterwegs. Nach der Christmette in Souzel und einem kurzen Stopp in Porto de Moz komme ich am Stefanustag gegen Abend in Gurupá an. Wenig später verfolge ich im regionalen Fernsehsender TV Liberal die Landesnachrichten. In einem Beitrag wird von der Internet-Botschaft berichtet, dass ich am 29. Dezember ermordet werden soll. Keine fünf Minuten später stehen sieben Militärpolizisten und zwei Militärpolizistinnen vor mir und melden sich bereit für meine „Sonderbewachung“.

Tags darauf, bei der Eucharistiefeier auf dem Vorplatz der Kirche, verlangt die Polizei, dass ich eine kugelsichere Weste unter dem Messgewand trage – etwa 5 kg schwer und dazu tropische Temperaturen. Rechts und links neben dem Altar Militärpolizisten.

Viele Leute nutzen bei meinem Pfarrbesuch die Gelegenheit, um ein paar Worte mit mir zu wechseln, Neuigkeiten auszutauschen. Diesmal müssen sich alle vor der Begegnung mit mir einer Kontrolle unterziehen.

Aus der ganzen Umgebung sind mehr als 10.000 Gläubige zum Fest zu Ehren des heiligen Benedikt gekommen. Rund zwei Stunden dauert die feierliche Prozession am Nachmittag mit Gebeten, Gesängen und Stationen durch die Stadt. Alarmstufe Rot für die Militärpolizei. Im Gedränge der Menge wäre es ein Leichtes, die makabre Ankündigung unerkannt in die Tat umzusetzen. Also muss ich wieder die kugelsichere Weste anlegen. Ich bete und vertraue auf Gott und Unsere Liebe Frau.

Am 29. Dezember trete ich die Reise nach Porto de Moz an, wo ich bis nach dem Jahreswechsel bleibe. Auf dem Schiff begleiten mich sieben der neun Militärpolizisten. Mit der Schifffahrt von Porto de Moz nach Vitória endet die Sonderbewachung. In der Hafenstadt übernehmen wieder die zwei Soldaten aus Altamira den Personenschutz.

Bei der anschließenden Lagebesprechung mit der Bundespolizei in Altamira beteuert der zuständige Kommissar, er könne mir keine Ergebnisse vorlegen, seine Behörde tue alles Menschenmögliche zum Schutz meiner Person. Dieses Versprechen ist nicht bloß eine pflichtgemäße Ankündigung, um mich zu beschwichtigen. Zu keiner Zeit habe ich den Eindruck, dass der Fall archiviert ist. Bis heute geht die Polizei mit akribischer Sorgfalt jeder Spur, jedem Hinweis, ja sogar Gerüchten nach, um die Urheber der Drohungen aufzudecken. In regelmäßigen Abständen informiert mich der Kommissar über den Stand der Ermittlungen und fragt nach meinen Beobachtungen. Und auch die übergeordneten Behörden sind stets mit den jeweils aktuellen Fakten vertraut, wie ich in den folgenden Monaten bei Gesprächen mit der Gouverneurin des Bundesstaates von Pará, mit Bundesstaatsanwälten und Vertretern des Bundesjustizministeriums feststelle.Während des Brasilienbesuchs von Papst Benedikt XVI. im Mai 2007 steht auch eine Begegnung mit den Bischöfen auf dem Programm. In der Kathedrale von São Paulo sagte er zu mir: „Bischof Kräutler, ich habe erfahren, dass Sie bedroht sind!“ Ich dankte ihm für seine Mit-Sorge, worauf er antwortete: „Beten wir füreinander!“

So oft ich meine, die Wogen haben sich geglättet, erscheint ein Bericht mit gehässigen Halbwahrheiten und irreführenden Behauptungen in einer Zeitung, im Rundfunk oder im Internet. Dann und wann ist wieder ein Gerücht oder ein kritischer Kommentar zu einer meiner Predigten zu hören oder zu lesen.

Im Februar 2008 schrillt bei der Bundespolizei abermals Alarm. Dem regionalen Geheimdienst wird der Bericht eines Militärpolizisten übermittelt, der Ohrenzeuge eines Gespräches war. Zwei Männer verhandelten über die Prämie für die Ermordung des Bischofs in

Altamira. Die Rede war von einer Million Reais, umgerechnet etwa 390.000 Euro, und von zwei Männern, die vor Ort die Lage erkunden würden. Man wisse von den zwei Sicherheitskräften beim Bischof. Trotzdem sei es leicht, bis zu ihm vorzudringen. Eventuell könne man Nachforschungen anstellen, ob die zwei Polizisten käuflich seien.

Ein verlockend hohes Kopfgeld, um mich endgültig zum Schweigen zu bringen. In den Augen des vermuteten Konsortiums bin ich verantwortlich, dass die Bundesjustiz die Räumung von acht Fazendas innerhalb eines Naturschutzgebietes erlassen hat. Sie unterstellen mir auch ein Mitwirken bei der Vorbereitung einer Operation der Streitkräfte, Bundespolizei und Inspektoren der Umweltbehörde gegen illegale Holzschlägerungen im Bundesstaat Pará. Absurd, was man mir alles in die Schuhe schiebt. Vorübergehend wird ein weiterer Polizist zu meiner Bewachung abgestellt.

Nachdem auch der Bischof der Prälatur Marajó, Dom José Luiz Azcona Hermoso, sowie der Bischof der Diözese Abaetetuba, Dom Flávio Giovenale, Morddrohungen erhalten, verurteilt die 46. Generalversammlung der Brasilianischen Bischöfe am 10. April 2008 in einer Presseerklärung alle Aggressionen gegen die Verteidiger der Menschen und der Schöpfung. „Jeder Angriff auf sie trifft uns alle, ihre bischöflichen Mitbrüder und das Volk, dem sie mit furchtlosem Eifer und mutiger Prophetie dienen (vgl. Jer 18,18–23). Ihr Leben ist kostbar für alle, die sie verteidigen und für uns, die wir solidarisch mit ihnen sind."

Die Gewalt im Kontext von Landkonflikten, Frauenhandel sowie sexuelle Ausbeutung von Kindern und Jugendlichen sind einen Monat danach die Themen einer öffentlichen Audienz der Kommission für Amazonien der Abgeordnetenkammer. Meine Mitbrüder aus Marajó und Abaetetuba und der Pfarrer von Anapu, José Amaro Lopes de Souza, der auch bedroht wird, sind zu Berichten über die Situation in unserem Wirkungsbereich eingeladen.

In seinem Statement beschreibt der Vertreter der Bundesstaatsanwaltschaft in Pará, Felício de Araújo Pontes Júnior, die Konflikte in der Region als Folge der Spannung zwischen zwei Entwicklungsmodellen, „dem ausbeuterischen Modell der traditionellen Bewirtschaftung: Landwirtschaft, Viehzucht, Monokultur, und dem sozio-ökologischen Entwicklungsmodell". Pontes schätzt unseren Einsatz als Kirche und unterstützt unsere Bemühungen zur Durchsetzung der Menschenrechte.

Am 15. Mai 2008 beruft die Gouverneurin von Pará, Ana Júlia Carepa, eine Versammlung mit uns, den drei bedrohten Bischöfen, und dem Erzbischof von Belém, Orani João Tempesta, als Vertreter der Brasilianischen Bischofskonferenz, ein. Wir diskutieren, wie man gemeinsam den Problemen in den Gemeinden begegnen könnte. Schwerpunkte des Gesprächs sind Bildungswesen, Gesundheitsversorgung und Gewalt.

Auf Empfehlung der Abgeordnetenkammer besucht der Minister vom Sondersekretariat für Menschenrechte der Präsidentschaft der Republik, Paulo Vannuchi, in der zweiten Maihälfte Amazonien. Eine Station seines Lokalaugenscheins der Region ist Altamira.

Unser Protest, unsere beharrliche Anklage der Gewalt und Verletzung der Grundrechte hat bewirkt, dass unsere Anliegen und

Forderungen endlich Beachtung finden. Bislang fühlten wir uns oft im Stich gelassen, im Abseits, fern von den Schalthebeln der Politik. Wer unsere dramatische Realität nur oberflächlich oder gar nicht kennt, kann keine Entscheidungen fällen, die den Bedürfnissen des Volkes Rechnung tragen. Vertreter wichtiger Behörden haben das Gespräch mit uns gesucht, einen Dialog eröffnet. Weitere Schritte und Maßnahmen müssen folgen. Von heute auf morgen sind historisch gefestigte Strukturen und Ungerechtigkeiten nicht aus der Welt zu schaffen. Das ist nicht zu erwarten. Doch am Horizont erscheinen erste Funken, die sich hoffentlich bald zu breiten Silberstreifen entwickeln.

Im Fall der Morddrohungen gegen mich „gibt es keine entscheidende Wende", teilt mir der Leiter der Bundespolizei von Pará Ende Jänner 2009 in Belém mit. Die sorgfältige Betrachtung und Vergleiche von Belegen sowie Zeugenaussagen lassen ein Konsortium hinter allen Angriffen gegen meine Person vermuten. Der Grund ihrer bösartigen Kampagne sei wahrscheinlich meine Ablehnung des Kraftwerkes Belo Monte. Infolge der bisherigen Erkenntnisse „müssen die Sicherheitsvorkehrungen beibehalten werden", bedauert der Polizeichef.

Der polizeiliche Schutz, rund um die Uhr, innerhalb des Gebietes der Prälatur dauert bis heute an. Ich kann nicht absehen, wann die Sicherheitsbehörden den Soldaten die Order erteilen: „Die Mission ist beendet!", und wann ich mich wieder uneingeschränkt an jedem Ort und zu jeder Zeit frei bewegen kann. Ich weiß nur, dass Gott mit mir ist. „Der Herr ist bei mir, ich fürchte mich nicht. Was können Menschen mir antun?" (Ps 118, 6)

Diese Zuversicht wird gestärkt durch die liebevolle Zuwendung, die mir das Volk Gottes am Xingu entgegenbringt. Unsere kirchlichen Basisgemeinden sind Perlen der Erfahrung des Glaubens, der Ort, wo Kirche lebt.

Anstrengung, Müdigkeit und Gefahr verblassen,
wenn ich nach Stunden
auf staubigen oder schlammigen Straßen,

bei brennender Sonne oder sintflutartigem Regen,
durch gefährliche Stromschnellen
oder an Untiefen vorbei,
bei meiner Ankunft in die leuchtenden Gesichter
der wartenden Menge blicke.

Anfeindung, Verfolgung und Bedrohung sind vergessen,
wenn mich Frauen und Männer,
Kinder und Jugendliche
herzlich wie einen Bruder umarmen,
wenn mir besorgte Kleinbauern
ihr bekümmertes Herz ausschütten.

Bedrückung, Mutlosigkeit und Kummer entschwinden,
wenn mir ein Kazike den Federschmuck
auf den Kopf setzt und sagt:
„Dom Erwin ist unser Verwandter."

Kraft und Mut, Hoffnung und Vertrauen
wachsen in mir,
wenn ich mit dem Volk die Gegenwart Gottes erfahre,
bei der Feier der Eucharistie,
bei der Meditation der Frohen Botschaft
und beim gemeinsamen festlichen Mahl.

„Was kann uns scheiden von der Liebe Christi?
Bedrängnis oder Not oder Verfolgung,
Hunger oder Kälte, Gefahr oder Schwert?
All das überwinden wir durch den, der uns geliebt hat.
Weder Tod noch Leben,
weder Gegenwärtiges noch Zukünftiges, (…)
können uns scheiden von der Liebe Gottes,
die in Christus Jesus ist, unserem Herrn."
(Röm 8,35.37–39)

Abkürzungen

AG – Ad Gentes
II. Vatikanisches Konzil. Dekret über die Missionstätigkeit der Kirche. 11. Oktober 1962 bis 8. Dezember 1965.

CELAM – Consejo Episcopal Latinoamericano
Lateinamerikanischer Bischofsrat

CIMI – Conselho Indigenista Missionário
Indigener Missionsrat

DA – Documento de Aparecida
Schlussdokument der V. Generalversammlung des Lateinamerikanischen Episkopats und der Karibik. Aparecida, Brasilien. 13. bis 31. Mai 2007.

DM – Documento de Medellín
Schlussdokument der II. Generalversammlung des Lateinamerikanischen Episkopats. Medellín, Kolumbien: 24. August bis 6. September 1968.

DP – Documento de Puebla
Schlussdokument der III. Generalversammlung des Lateinamerikanischen Episkopats. Puebla de los Angeles, Mexiko: 27. Januar bis 12. Februar 1979.

DRJ – Documento de Rio de Janeiro
Schlussdokument der I. Generalversammlung des Lateinamerikanischen Episkopats. Rio de Janeiro, Brasilien: 25. Juli bis 4. August 1955.

DSD – Documento de Santo Domingo
Schlussdokument der IV. Generalversammlung des Lateinamerikanischen Episkopats und der Karibik. Santo Domino, Dominikanische Republik. 12. bis 28. Oktober 1992.

EN – Evangelii Nuntiandi
Apostolisches Schreiben von Papst Paul VI. 8. Dezember 1075.

FUNAI – Fundação Nacional do Índio
Nationale Stiftung des Indio

IBAMA – Instituto Brasileiro do Meio Ambiente e dos Recursos Naturais Renováveis
Brasilianisches Institut für Umwelt und erneuerbare natürliche Ressourcen

INCRA – Instituto Nacional de Colonização e Reforma Agrária
Nationales Institut für Kolonisierung und Agrarreform

PAC – Programa de Aceleração do Crescimento
Programm für beschleunigtes Wachstum

SC – Sacrosanctum Concilium
II. Vatikanisches Konzil. Konstitution über die heilige Liturgie. 11. Oktober 1962 bis 8. Dezember 1965.

SPI Serviço de Proteção ao Índio
Indianerschutzdienst